Passagem para Essência

O Livro Iniciático

Lais Ceesar

Passagem para Essência

O Livro Iniciático

MADRAS®

© 2017, Madras Editora Ltda.

Editor:
Wagner Veneziani Costa

Produção e Capa:
Equipe Técnica Madras

Revisão:
Ana Paula Lucisano
Maria Cristina Scomparini
Neuza Alves

Dados Internacionais de Catalogação na Publicação (CIP)
(Câmara Brasileira do Livro, SP, Brasil)

Ceesar, Lais
Passagem para essência: o livro iniciático/Lais Ceesar. – São Paulo: Madras, 2017.
Bibliografia

ISBN: 978-85-370-1073-0

1. Cabala 2. Misticismo judaico I. Título.

17-05377 CDD-296.16

Índices para catálogo sistemático:
1. Cabala: Judaísmo 296.16

É proibida a reprodução total ou parcial desta obra, de qualquer forma ou por qualquer meio eletrônico, mecânico, inclusive por meio de processos xerográficos, incluindo ainda o uso da internet, sem a permissão expressa da Madras Editora, na pessoa de seu editor (Lei nº 9.610, de 19/2/1998).

Todos os direitos desta edição reservados pela

MADRAS EDITORA LTDA.
Rua Paulo Gonçalves, 88 – Santana
CEP: 02403-020 – São Paulo/SP
Caixa Postal: 12183 – CEP: 02013-970
Tel.: (11) 2281-5555 – Fax: (11) 2959-3090
www.madras.com.br

Agradeço...

... a Ney Pinto Cesar, meu pai, que me concedeu o espírito de alegria e determinação;

... à Elizabeth Garísio Cesar, minha mãe, que me concedeu o espírito de magia e justiça;

... aos terapeutas e mestres, Mariângela Mantovani, Marielisa Rossi, Malu Damasceno, Isolde Marx, Sueli Marino, Mônika von Koss, Theda Basso, Aidda Pustilnik, Marisa Elazul, Catherine Wilkins, pelo despertar;

... às matrizes de identidade, Ney, Beth, Edith, Arlete, Cid e Áires, pela ressonância inicial, na qual a sombra fica minúscula perto da essência de amor que trago como potencial;

... a toda minha ancestralidade, desde o primeiro ancestral, por todas as vivências de sobrevivência, coragem, alegrias, dores e amores, que prepararam o campo no qual estou inserida.

E agradeço à totalidade por ter sido permitido me separar da fonte para estar encarnada justamente neste tempo, cumprindo o que vim fazer.

Lais Ceesar

Sobre o Livro

• Mexe profundamente com o leitor, criando o desejo de ler mais, bem como querer aprofundar-se sobre as questões abordadas.

• Possui sensibilidade, verdade e conhecimento de causa, além de um valor positivo ímpar.

• Veio o desejo de me aprofundar mais sobre os pontos abordados e aí passei a analisar de maneira, ora próxima, ora distante do meu eu, quais as questões que me afetavam fortemente e quais mudanças poderiam ser realizadas em minha vida.

• Trata-se de texto persuasivo, coeso, possui uma lógica perfeita.

• Chorei, sofri, cresci e, por fim, entendi que o abismo inicial alçou-me para o mais alto sentimento de positivismo e esperança quanto às realizações que poderia alcançar.

• Em que pese a dificuldade de fazer escolhas a cada dia, desejo buscar todas as possibilidades para caminhar. E, o mais importante, entendi, perfeitamente, o significado da "ESSÊNCIA".

• Marcou, bastante, o forte desejo de mudança da autora para um bem muito maior: a humanidade.

Agradeço às oportunidades de me autoanalisar e ao crescimento que me foi proporcionado.

Finalizando, não há como não gostar.

Magali Sartori Haddad
Educadora

Índice

Apresentação 9

Capítulo 1 – Essência: a Base do Caminho Espiritual 10
Capítulo 2 – A Fragmentação e a Reunificação
(de Onde Viemos e para Onde Vamos) 16
Capítulo 3 – Conexão com a Essência para a Unicidade 21
Capítulo 4 – Dinâmica do Desenvolvimento Energético
Individual e Coletivo 27
Capítulo 5 – Consciência do Fluxo de Energia 38
Capítulo 6 – Percursos do Fluxo de Energia 45
Capítulo 7 – O Fluxo da Ancestralidade 61
Capítulo 8 – Quando o Medo da Falta Rompe
o Fluxo da Energia 69
Capítulo 9 – O Acolhimento da Essência Dissolve o Medo 78
Capítulo 10 – Quando a Repressão Esconde o Propósito 86
Capítulo 11 – O Autoconhecimento
e a Autorresponsabilidade 90
Capítulo 12 – A Expansão do Universo e a
Construção Humana 94
Capítulo 13 – A Desconstrução para a Manifestação
do Amor e da Totalidade 102
Capítulo 14 – Autoestima para a Sustentação da Unicidade 114
Capítulo 15 – As Defesas Que Impedem a Consciência
da Totalidade 120

Capítulo 16 – Das Defesas à Essência 128
Capítulo 17 – Sustentando a Expressão do Ser 139
Capítulo 18 – Integrando as Partes 147
Capítulo 19 – Transformação do Ego Negativo
em Consciência Essencial 155
Capítulo 20 – Além do Ego: Quando o Fracasso Social Pode
Ser o Sucesso da Alma 167
Capítulo 21 – Os Atributos Divinos: Poder, Sabedoria e Amor
na Quarta Dimensão 173
Capítulo 22 – O Tempo do Não Tempo: a Passagem para
a Quarta Dimensão 179
Capítulo 23 – Do Fragmentado ao Holístico 183
Glossário 190
Bibliografia 192

Apresentação

A Simplicidade e a coragem adjetivam a escritora que, por amor genuíno pelos seres humanos, sintetiza com clareza e profundidade nossas experiências mais íntimas. Este livro, em seu caminho de sabedoria, nos envolve em um processo de autotransformação, despindo-nos de padrões culturais, sociais e familiares, alimentados por ignorâncias e mandatos paralisantes.

Com sua escrita sintética e ousada, vai nos desnudando, fazendo transparecer dentro de nós a pureza cristalina e sem fim de um diamante, expandindo nossa essência e nos centrando em nosso Eu verdadeiro. Fico aliviada de ler textos claros e endereçados ao caminho comum do coração nesses tempos de transformações. Lais Ceesar fere com sua caneta nossas máscaras, iluminando nossas limitações e bloqueios, conduzindo-nos para novas possibilidades.

E, com essa linguagem simples, fecunda novos paradigmas, deixando para trás o olhar sequestrado pelos preconceitos alimentados pela aprovação e distorções egoicas. O leitor é presenteado com este livro não só pelos esclarecimentos, mas principalmente pela coragem de percorrer esse caminho transmutador. Este livro nos desperta para uma intimidade com nós mesmos, possibilitando a saída da robótica para o despertar de um caminho essencial. A autora consegue, em uma linguagem de fácil acesso a diferentes públicos, transmitir a profundidade dos princípios da Kabalah nos tempos atuais.

A expressão da essência é o verdadeiro propósito do caminho cabalístico. Além disso, esta obra, iluminando as consciências individuais, também contribui para a desestruturação da civilização do ego para a estruturação da era da essência.

Marisa Elazul Martins
Mestra cabalista da Escola Iniciatica de Kabalah Essência

Capítulo 1

Essência: a Base do Caminho Espiritual

Escrever a respeito da essência foi uma escolha que resultou do reconhecimento de que ao conectar-se a ela encontramos um caminho facilitador para sair da dor crônica individual. Naturalmente, quanto maior for o número de pessoas ancoradas em sua essência, maior será o alívio dos sofrimentos coletivos. Convido o leitor para um mergulho em si mesmo com o propósito de despertar o seu ser essencial; para que você seja mais uma célula contribuinte para o estabelecimento da nova dimensão na Terra. Este livro também aborda esta passagem da civilização do ego para a essência. Se estamos encarnados neste tempo, então temos a missão de fazer esta passagem da predominância do ego para o domínio da essência em nossas próprias vidas. Elevar nosso próprio padrão vibratório para uma qualidade mais essencial é o melhor que podemos fazer por nós, por nossa ancestralidade e por toda a humanidade.

Essência é o ser sem separação com a fonte. Há muitas definições para esse termo e muitos caminhos espirituais que trazem diferentes denominações para esse estado do ser. O ser essencial ou o *self* ou a essência é a busca primordial de todo ser humano, ainda que para muitos esteja inconsciente. Porém, em alguma existência, esta será despertada. Então, podemos aproveitar a oportunidade, já que nunca, nos últimos 25 mil anos, houve tantos meios facilitadores para a transformação e evolução disponíveis para as pessoas. A era de Aquário tem este propósito: o de trazer à luz da humanidade o que antes era hermético, privilégio de poucos.

Encontramos recursos facilitadores na prática da Kabalah e na psicoterapia transpessoal para que o despertar e a apropriação da essência aconteçam. Por esta razão, este livro tem essas abordagens como embasamento. A Kabalah – originária do antigo Egito, trazida por Moisés por meio da Torah e posteriormente integrada de forma parcial ao Judaísmo – reúne técnicas e práticas que possibilitam despertar a consciência do iniciado para a totalidade, padrão vibratório da nova dimensão planetária.

A Kabalah egípcia advém dos princípios do Caibalion, do sumo sacerdote da Escola de Hórus, Imhotep, mais tarde conhecido como Hermes Trismegisto. Suas práticas também eram conhecidas pelos essênios, tribo de cabalistas, que deixaram Jerusalém logo após a morte do mestre cabalista Yeshua Bar Yosef (Jesus Cristo). A Kabalah, experienciada pelos essênios e outros mestres, está mais associada à transformação que à religião e tem por finalidade a expansão da consciência, por meio da alquimia interior. Grande parte das técnicas e aprendizados da Kabalah original tem como intenção a transformação da negatividade para maior expressão da luz. Entretanto, não existe processo de expansão de consciência sem o reconhecimento e a transmutação da sombra.

A maior parte das religiões, assim como muitos estudiosos da Kabalah, acredita que o homem pode manifestar o eu superior e o bem quando em contato com textos sagrados, orações, meditações, etc. Esses meios auxiliam-nos a ampliar o nosso canal de recepção da luz para que, por ressonância, passemos a manifestar a nossa qualidade divina. Entretanto, é impossível a conscientização e expansão plena da nossa luz sem o processo alquímico nos quatro níveis (físico, emocional, mental e espiritual). A maior ilusão de religiosos, esotéricos, pseudocabalistas e mestres das mais diversas linhas é acreditar e transmitir a seus discípulos que, somente em contato com a luz e com o divino, já será possível a transformação da vida do indivíduo. Mantras, orações, leituras bíblicas podem trazer um acalanto para a alma. Entretanto, não se pode ter a ilusão de que sejam suficientes.

Precisamos de profundidade para sustentar uma transformação. Não existe expressão plena do ser divino sem autoconhecimento profundo de si mesmo para a transmutação da negatividade, em sua maior parte inconsciente. É importante diferenciarmos a Kabalah iniciática profunda, praticada pelos essênios e trazida para o Brasil pela mestra Elazul, da Kabalah religiosa. A Kabalah, em sua origem, oferece preciosas práticas e técnicas para que o indivíduo realize um processo de transformação pessoal a fim de ancorar-se em seu estado essencial. A Kabalah ensinada por religiosos tem sua validade e pode despertar a essência de seus discípulos. Porém, as práticas profundas da Kabalah iniciática facilitam a sustentação do estado essencial. As práticas nunca são esquecidas porque produzem uma alteração no campo energético. Já os ensinamentos teóricos podem ser esquecidos ou permanecer no nível da mente, não fazendo ponte para a realidade concreta.

Este livro tem como propósito não apenas refletirmos, mas também sentirmos e percebermos a passagem que o ser e o planeta estão percorrendo em direção à manifestação da essência. Explorando um pouco mais esse termo, por essência podemos entender a expressão do ser permanente, infinito e total. Essência é o que sempre fomos e sempre seremos. É o ser, partícula do divino que trazemos para expressar na Terra. É o que somos além das defesas, do ego, das máscaras e dos papéis. É o que somos na origem. Quando nos conectamos com a essência, encontramos um lugar de calma e luz dentro de nós. É um vazio pleno. É a possibilidade infinita e total de expressões.

Já nascemos com o ser essencial aprisionado e vamos construindo barreiras cada vez mais sólidas. Primeiro na intenção de protegê-lo. Para nos defendermos da dor, vamos nos separando cada vez mais de quem somos e das pessoas. Solidificamos barreiras e utilizamos artifícios para nos mantermos distantes da unicidade. Vamos recriando padrões separatistas para esquecermos cada vez mais da totalidade que somos, a qual inclui tudo e todos. Investimos muita energia para manter a ilusão da separação. O distanciamento da essência é a origem de todas as dores. Apesar de tantas armadilhas que criamos para nos afastarmos de quem somos e apesar de vivermos cercados de incentivos à separatividade, em nosso íntimo, o ser amordaçado clama por integração à totalidade.

Por mais solidificadas que sejam as máscaras, as sombras ou as distorções, a essência por ser permanente, intacta e infinita continua vivendo em cada ser existente. Nenhum ser, por mais sombras e distorções que manifeste, está condenado, pois a qualquer momento a essência pode assumir o comando e a luz se expressar. Talvez alguns estejam mais distantes que outros para esta passagem, entretanto, essa avaliação não está no poder do critério humano. Então, não podemos julgar, pois assim como a posição dos elétrons é imprevisível, o homem carrega em si um universo de possibilidades. Quando julgamos qualquer impossibilidade de mudança, estamos esquecendo o princípio básico da vida: que tudo, por conter a totalidade, é pleno de infinitos potenciais. Dessa forma, matematicamente, tudo é possível e não podemos ter esse entendimento com a mente racional, linear. A compreensão se faz quando olhamos com os olhos do espírito. Sair do olhar fixo, viciado e julgador para olharmos de outro lugar a tudo e a todos é contribuir para a sustentação da essência na Terra. Enxergar o outro com os olhos da essência é respeitar e honrar a nossa própria essência e a do outro, embora não exista separação entre as duas.

A origem da palavra respeito vem do latim *respicere*, que quer dizer "disposição de olhar novamente". Para não fixarmos e aprisionarmos a energia, podemos nos permitir sempre um novo olhar, pois tudo e todos carregam a multiplicidade de expressões. Assim, por mais que se esteja vivendo na negação do ser essencial, por mais que a vida tenha sido criada com base em padrões distorcidos, a roda pode virar e a essência se manifestar. Muitas vezes, perdas, doenças ou quaisquer tipos de desordens acontecem para flexibilizar ou quebrar as barreiras construídas para o distanciamento do ser essencial. É na vulnerabilidade que o indivíduo pode ter mais disponibilidade interna para relembrar quem é.

Quando integramos nossa parte vulnerável ao poder natural, não são mais necessárias barreiras tão sólidas de proteção. Por natureza, somos frágeis e fortes. A vida nasce onde menos se espera, como um mato na parede ou a planta que veio da semente que caiu de um passarinho. Da mesma forma, também a vida física pode se esvair inesperadamente. Então, podemos nos entregar à nossa fragilidade, ao nosso estado puro de humildade, pois é nesse lugar que a essência habita e nos entregamos ao fluxo da vida a partir desse estado. E só podemos fazer essa entrega porque temos um poder natural.

O poder é um atributo divino inerente a todo ser vivo. A vulnerabilidade não nega a nossa força. Quando estamos em conexão com a essência, estamos apropriados do poder e não temos necessidade de construir barreiras de separação. Entretanto, por temermos o estado de fragilidade ou por não possuirmos confiança em nossas bases, criamos artifícios para nos protegermos. Mas que grande paradoxo, pois é justamente nesse afastamento da essência que perdemos o poder e o medo assume o comando. É na tentativa de nos proteger que nos desprotegemos. Quando a desconexão com a essência acontece, há uma inquietação crônica que não permite o desfrute do estado de paz. Sentimentos de ansiedade, depressão, medos, culpas, entre outros, podem vir à tona como um chamado da essência. É o ser dizendo: "Quebre essas barreiras, pois eu vim para me expressar!".

A sustentação do estado de harmonia não é possível para o ser essencial aprisionado. Por essa razão é que práticas para a diminuição do estresse podem para muitas pessoas trazer uma tranquilidade apenas provisória, pois quando se rebaixam as defesas ainda não há uma confiança de que se pode permanecer nesse estado. Diante da inquietação e do sentimento de vazio provenientes do distanciamento da essência, o indivíduo busca meios para promover o reencontro. No entanto, há caminhos que podem aumentar ainda mais essa distância, transmitindo uma falsa sensação de conexão. O caminho para a essência é aquele que conduz o indivíduo para dentro de si mesmo e não para fora. Assim como os antigos gnósticos (grupo de buscadores do conhecimento de caráter intuitivo e transcedental) acreditavam, só saciamos esta sede interminável dentro de nós mesmos.

Nesse momento planetário, estamos vivendo essa divisão. De um lado, cada vez mais os padrões de separação e alienação se cristalizam, criando oposições, dissonâncias e oferecendo produtos de consumo que afastam da essência. Por outro, há um movimento cada vez mais forte de conexão com a essência e de abertura do cardíaco, que corresponde à maior capacidade de dar e receber amor. Há uma tendência cada vez maior de o indivíduo sair da identificação com o ego negativo separatista e limitante para uma existência mais ancorada ao ser essencial. A força do propósito é maior que a da separação. Tudo caminha para a manifestação do seu propósito original. Assim, o indivíduo, a sociedade e o planeta, apesar de toda sombra manifesta, estão se movendo para a expressão do plano divino.

Esse momento caótico é apenas um estado, mas não o projeto final. A aparência não revela a essência. O caos sempre contém muitas possibilidades. Quando chegamos ao seu apogeu, há um movimento de retorno à origem. Quando não é mais possível suportar a dor proveniente do esquecimento de si mesmo, inconscientemente o indivíduo provoca situações para romper com o estabelecido, para assim poder reiniciar o movimento em direção à essência. Por maior que seja a dissonância individual e coletiva, o destino original nunca é totalmente esquecido e a inquietação que permanece é a oportunidade de mudança. Assim, apesar da sombra manifesta, sabemos, no íntimo de nossa alma, que tudo está certo. Tudo é um processo, precisamos apenas participar conscientemente da passagem pessoal e coletiva do superficial para o essencial, do dissonante para o ressonante, da separação para a totalidade e da dor para a essência.

Buscar a passagem para a essência é o que intencionamos quando escolhemos vir à Terra. A encarnação no campo físico é uma escolha que a alma faz a fim de ampliar a consciência da luz. Mesmo aqueles que nascem com uma forte conexão com o eu inferior, encontrando-se em uma família que estimulará mais a sombra que a luz, em algum nível de sua alma escolheu nascer para expandir a luz.

Enfim, a essência é nossa porção divina, e viver cada vez mais conectados com ela é o que anseia a nossa alma. Ficamos felizes quando nos alinhamos com a nossa essência e ficamos intranquilos, com medo e enganchados na dor quando nos tornamos inconscientes dela. A essência está sempre presente, entretanto, podemos estar conscientes dela ou desconectados. Se estamos na Terra para nos religarmos com a essência, então tudo o que nos acontece serve a esse propósito. A vida nos traz diariamente a oportunidade de transformação daquilo que oculta a nossa verdade, basta estarmos perceptivos para isso.

Todos os dias, temos a opção de fazer mais escolhas em direção à luz, modificando padrões físicos, emocionais, mentais e espirituais negativos. Pode haver vários caminhos para a luz, mas qualquer meio para nos religarmos à divindade deve incluir a transformação. A mudança pessoal diária é a base do caminho espiritual. Assim, este é um livro que trata de transformações. Se almejamos a reconexão com a essência, então, consequentemente, uma parte de nós deseja mudanças. Porém, a parte de nós que não está conectada com a luz teme as transformações. Queremos a luz, mas também a tememos.

Um livro iniciático é um catalisador para a expansão da consciência. O leitor tem a possibilidade de redescobrir-se com a leitura consciente deste livro. Então, por abordar transformações, em algum momento, durante a leitura, pode ser que a resistência apareça. Ela pode vir na forma de sono, irritação, querer ler rápido sem se aprofundar ou pode surgir uma defesa racional para deixar a leitura. Eu proponho o empenho de ir além das defesas. Este é um livro escrito em linguagem simples, para que o maior número de pessoas possa compreender além da personalidade. O que intenciono é compartilhar com aqueles que estão ressonantes com a passagem para a nova civilização do coração e da totalidade.

Capítulo 2

A Fragmentação e a Reunificação (de Onde Viemos e para Onde Vamos)

A totalidade, que poderíamos chamar de Deus ou de tudo o que existe, não tem princípio nem fim, simplesmente é. A pergunta é: para que o todo se dividiu em partes, deu forma a tudo o que existe, permitindo que fosse concebida a individualidade e formando o aparente paradoxo: somos individuais, mas, por contermos a fagulha do todo, somos um? Há diversas teorias que intencionam responder a essa questão. Para a Kabalah, por exemplo, acredita-se que a totalidade teve o anseio de se dividir para poder dar, isto é, precisava de um recipiente para receber e, este, por sua vez, passou a ter a necessidade não só de receber, mas também de dar, iniciando-se assim o princípio da vida: dar e receber. De qualquer forma, saber ao certo para que o mundo físico foi criado é uma pretensão que não sei se pode ser saciada. Acredito que o mais importante não é a obtenção dessa resposta, mas o que podemos fazer agora que existimos na individualidade. Ou melhor, qual é o propósito dessa fragmentação?

Não sei por que ou para que nos separamos da fonte, mas tenho certeza de que o nosso principal anseio é o retorno a ela. Esse reencontro é para ser feito aqui e agora, na realidade física, não é algo que está longe ou após a morte do corpo físico. Não há descontinuidade. Se estamos afastados da divindade na Terra, também estaremos após o desencarne. Energeticamente, onde habitamos aqui, em termos de fluxo da nossa energia, é onde habitaremos em outra esfera. Em qualquer dimensão, a lei da ressonância sempre está presente. Atraímos o que somos e o que manifestamos. Todos possuímos na sede da alma um anseio de reconexão com a totalidade, almejamos a unicidade (sentimento de ligação com tudo e com todos).

A totalidade para se manifestar por meio da forma no mundo físico se fragmentou dando origem ao todo (matéria, minerais, vegetais, animais e humanos). Tudo o que existe é um fragmento dessa totalidade e tem um propósito a ser manifestado na Terra. Os seres inanimados são formados de energia, porém com uma vibração muito mais lenta e desprovida da consciência de si mesmos. Sabemos que a mente pode exercer influência sobre eles. Isso porque tudo o que existe tem um campo que em algum nível é capaz de responder à vibração. Tudo o que nos cerca possui certa "inteligência", segue o comando da energia e possui um propósito.

A totalidade, o todo ou o que podemos chamar de Deus é por si mesmo todas as qualidades essenciais. Ao se fragmentar, cada parte tem como propósito a manifestação de alguns aspectos da totalidade. Quero dizer, os seres podem expressar: amor, poder, sabedoria, alegria, harmonia, fé, etc. No processo de desenvolvimento, caminhamos para a expressão de toda luz que existe. Contudo, a cada experiência no mundo físico, vivemos para lapidar e expressar mais alguns aspectos que outros. Os nossos pontos de bloqueios e dissonâncias também são enclausuramentos de determinadas qualidades da essência. Por exemplo: uma pessoa que veio para manifestar o amor pode ter sofrido experiências de rejeição e, consequentemente, ter bloqueado os sentimentos afetivos. A sua tarefa seria acolher a si mesma e abrir o coração para expressar o amor. Há uma expressão que diz que por trás de nossa maior dor está nosso maior dom.

Por que nascemos com dons aprisionados em bloqueios em vez de já virmos prontos para sua manifestação? Na astrologia, é interessante observar como pessoas cujo mapa astral apresenta mais aspectos vermelhos, que poderíamos chamar de desafios e bloqueios, muitas vezes se realizam e são mais plenas do que as que possuem em seu mapa astral mais aspectos azuis, isto é, facilidades. Acredito que no processo de lapidação temos a oportunidade de nos apropriar de fato de quem somos. Essa conscientização da essência possibilita sua manifestação. Há pessoas que nascem com um dom, mas não são conscientes deste, portanto, não o expressam na realidade física. Nossos talentos sem expressão são inexistentes.

Nossos potenciais podem estar encapsulados em bloqueios ou podem estar mais disponíveis, possivelmente por já terem sido trabalhados em outras experiências de existência. De qualquer forma, quando não há conscientização e apropriação para manifestarmos nossas qualidades essenciais, há uma disfunção em nós mesmos e no todo. Imaginemos algo idealizado, se cada qual expressasse sua partícula divina, o todo seria recomposto. Essa é nossa tarefa coletiva. Incluímos nesse processo não só os seres humanos, mas também todos os minerais, vegetais e animais que da mesma forma vieram expressar aspectos divinos. A diferença é que, quanto maior o desenvolvimento mental na escala evolutiva, maior pode ser o risco de afastamento do propósito original. Pois a mente e o ego podem corromper o plano divino.

Estamos aqui, agora, para viver a essência e expressá-la no mundo físico, para nos reconectarmos com o todo. Essa é a essência da Kabalah. Quanto mais caminhamos para esse fim, por ressonância, mais pessoas vão se direcionando para o mesmo processo. É uma lei física: o padrão vibratório de maior aceleração estimula a energia de menor vibração. Uma pessoa mais consciente, apenas com a sua presença, pode despertar outras menos conscientes. Como na história bíblica de Lot, "se houvesse dez justos na cidade, ou seja, dez pessoas ajustadas (alinhadas no ser), a cidade não seria destruída". Pois, quando se atinge determinado número de pessoas, forma-se um campo, denominado, pela física, de massa crítica, que adquire força suficiente para puxar outras energias para a sua qualidade.

A teoria do "centésimo macaco" revela esse fenômeno. Os macacos da Ilha de Kochima foram observados por cientistas entre 1952 e 1958. Os animais comiam as batatas e frutas do chão até que uma macaca passou a lavar o alimento, retirando a areia antes de comer. O procedimento foi aprendido pelos outros macacos até chegar ao centésimo macaco que manifestou esse movimento. Ao atingir esse número ou algo próximo disso, os macacos da ilha vizinha que não tinham nenhum contato físico com eles passaram a manifestar o mesmo comportamento. Os cientistas acreditam na hipótese dos "campos mórficos", proposta pelo biólogo inglês Rupert Sheldrake, que são formas energéticas que se estendem no tempo e no espaço e moldam outras formas na fisicalidade. Você pode ser o décimo, o centésimo ou o milésimo que faz a diferença no planeta. Assim, quando buscamos a expressão da essência, estamos contribuindo para que esse campo fundamental se manifeste por todo o Universo.

Vamos aparentemente nos separando da essência por meio dos traumas e dores. Ao nos afastarmos da nossa origem, sentimos uma perda não consciente e, consequentemente, uma sensação de estarmos sem lugar ou de estranheza em relação a nós mesmos ou ao mundo. Quando a pessoa não tem consciência da sua verdadeira falta, pode, como compensação, lançar mão da máscara do poder e buscar um lugar que não é seu, tirando do outro ou acumulando em excesso. Há outros que, em vez de compensarem com a força, se identificam com a fraqueza e passam a vida abrindo mão e cedendo para o outro. Essas pessoas desconectadas de seu poder pessoal podem ter a constante sensação de que o outro tomou o seu espaço, gerando ressentimentos crônicos; podem estar sempre acusando alguém ou o social pela sua falta. Todavia, há uma questão anterior a essa. Para termos o que de fato é nosso, precisamos primeiramente buscar saber quem somos. Se eu não sei quem sou, realmente posso estar em busca de algo que não é para mim ou posso estar abrindo mão do que é para mim. Quando não sabemos quem somos, escolhemos caminhos dissonantes que reforçam a separação entre a nossa alma e a nossa vida existencial.

Quando o nosso ser se atrai pelo o que é menos aprovado ou que diverge mais da corrente social, é preciso um grande treinamento de autofidelidade para sustentar o caminho do ser. Mesmo sabendo que o que há de mais importante em nossa existência é a nossa própria vida, ainda, muitas vezes, escolhemos o caminho da maioria. A escolha é entre ser apreciado ou ser feliz. Quando escolhemos a nossa própria verdade, estamos sempre escolhendo para o bem do todo. Buscar o bem do outro negando a si mesmo é um padrão comum, que esconde por trás da falsa humildade um sentimento de superioridade, que nega o poder do outro. Quando estamos na essência, não existe bom para um e ruim para o outro, pois o bem comum naturalmente se manifesta. Quando não sustentamos a escolha da essência, podemos lançar mão de justificativas racionais para o nosso autoboicote. O campo externo tem força para comandar nossos caminhos; entretanto, quando sabemos quem somos e o que viemos fazer nesta existência, a possibilidade de nos trairmos diminui, porque facilmente podemos perceber a ilusão de querer ser o que não somos.

A qualidade da honra é sustentar ser quem se é, diferentemente do século passado, em que era considerado honrado aquele que demonstrava o bom cumprimento das ordens familiares e sociais. Para a nossa sobrevivência emocional, precisamos honrar as nossas escolhas diante das pressões externas. Quando expressamos nosso ser e sustentamos ser quem somos, o que é nosso vem por direito divino. Foi isso que Jesus quis dizer com "buscai primeiro o reino de Deus que tudo vem por acréscimo". Quando reconhecemos que somos a divindade e manifestamos a essência em nossa vida, tudo passa a fluir. Encontramos o trabalho que faz sentido para nossa existência, independentemente do *status* ou do retorno financeiro que ele pode nos propiciar.

Com certeza, quando vivemos na essência não existe falta material. Temos provisão para tudo que precisamos e um pouco mais. Ir em busca do *ter* em detrimento do *ser* é a armadilha perfeita para a frustração. Quando estamos no *ser* também encontramos o relacionamento certo para nós e, com certeza, também precisamos abrir mão das consignas sociais (mandatos), tais como estética, posição, condição cultural, entre outras, para encontrarmos uma relação de essência para essência. Somos realizados quando encontramos trabalho, relacionamentos, amigos, lazeres que estão em consonância com o nosso ser.

Encontramos realização e gratificação quando construímos nossa vida de dentro para fora, quando nos reconhecemos e nos orientamos pelas nossas próprias referências. É um longo processo reconhecermos se estamos *sendo* de fato ou se estamos reproduzindo. A vida na reprodução de crenças e caminhos que outros determinaram cria uma falta básica. Esse buraco jamais pode ser preenchido fora da essência. A vida alicerçada no ego somente cristaliza a separação do ser. No caminho da essência, nossa prioridade não é mais o "preenchimento social", mas a vida no ser, no "eu sou". Isso foi o que Jesus quis dizer: "eu sou o caminho, a verdade e a vida". O caminho para a reintegração com a totalidade é o mesmo que nos alinha com a nossa própria essência.

Capítulo 3

Conexão com a Essência para a Unicidade

Sabemos consciente ou inconscientemente que nosso principal propósito é a reunificação com a fonte divina, a retomada da consciência de que nunca houve separação. Há vários caminhos que levam a esse "reencontro". Antigas seitas e religiões tinham por princípio básico o aprofundamento em si mesmo. Para a Kabalah, aprofundar o autoconhecimento é a base para esse trajeto de religação com o nosso eu divino. Quanto mais conheço meu ego, minha mente, meu eu inferior, minha criança ferida, entre outros aspectos, mais posso levar luz para essas camadas, integrando-as à minha própria totalidade. Quanto mais me conscientizo e expresso o princípio divino em mim, mais me reaproximo da unicidade e da consciência de que, se eu sou Deus e todos são, então sou um com o todo. Por essa ser nossa missão coletiva, sentimo-nos realizados quando atuamos no mundo a partir da essência e nos sentimos esvaziados quando nos afastamos dela.

Quanto mais nos aproximamos de nossa essência real, mais enxergamos o mundo real. Alguns o percebem como sombra e outros como cor-de-rosa, mas, quando estamos enraizados na Terra e ancorados na essência, temos consciência da força da luz e da força da transmutação. A "realidade" pode ser dolorosa apenas quando há inconsciência de si mesmo e dos propósitos da vida. Afirmar que o mundo é bom ou ruim é uma visão ingênua e separatista. Não podemos nos enxergar como vítimas de um universo tirano. Temos sempre a participação na mudança, e a vida é sempre justa e generosa, embora muitas vezes possa não revelar esse aspecto em sua aparência. Se somos luz e as sombras apenas distorções, isso também é verdadeiro para o mundo. O caos e as dissonâncias do planeta existem, enquanto reverberam as distorções individuais. Sabemos que a luz é mais forte que a sombra, já que o padrão energético de vibração mais acelerado acelera a energia mais densa. É uma lei física a de que a luz acelera a vibração da sombra, possibilitando a expansão da luz.

Assim, quanto mais sutilizamos a nossa energia, ampliando a luz, mais dissolvemos sombra em nós mesmos, ao nosso redor e no planeta. A tendência natural de todos os seres, mesmo daqueles que se encontram atolados em estagnações e sombra, é a evolução. Todos os seres, mesmo que apresentem aparentes retrocessos, caminham em direção à luz. Assim, chegará um tempo em que a luz será suficientemente forte para acolher a sombra na Terra. Esta é praticamente uma previsão matemática. Quer seja na Terra ou em algum lugar dos universos, sempre continuaremos nossa jornada com a expansão cada vez maior da luz. A unicidade é nosso destino original.

É ingenuidade acreditar que a humanidade, ao atingir o ápice da luz, passe a viver descansando no paraíso. É intrínseco à própria vida ser dinâmica e as possibilidades de manifestação da luz são infinitas. "Na casa de meu pai há muitas moradas", afirmava Jesus. A expansão é infinita, porém a diretriz é a soberania da luz. Se essa é a realidade do futuro e sabendo-se que o tempo não existe, por que essa não pode ser a verdade hoje? Quanto mais enxergamos nós mesmos e o Universo como luz, mais ela se faz presente em nós e à nossa volta. Podemos dizer que o mundo é luz, é encantado, mas está também na sombra. O estar é passagem. O estar é a forma que ele apresenta. A realidade é a luz e a sombra é apenas uma questão de tempo para se integrar à essência. Quanto mais nos identificamos com a essência, quero dizer com o que somos – e não com as máscaras e sombras que podemos pensar ser, mas não somos –, mais caminhamos para a unicidade.

A unicidade é o que todos os seres almejam. Por trás de todos nossos anseios e propósitos individuais, encontra-se a busca da totalidade. Todas as tarefas e atitudes servem ao propósito de preencher o todo. Quando escutamos nossos verdadeiros anseios, podemos estar no lugar e no momento certos, compondo o funcionamento do Universo. Cada ser mineral, vegetal, animal, humano e angélico é uma partícula necessária e imprescindível na composição do todo. Se, por medo, vergonha ou por compromisso com o externo, negamos nossos anseios diários, estamos contribuindo para o desfuncionamento da máquina universal. Nossa tarefa é estarmos, a maior parte do tempo, conectados com a nossa essência e centrados para fazer as escolhas do cotidiano ressonantes com o nosso ser essencial. Essas escolhas compõem todo o nosso dia, desde o que comemos no café da manhã até o que pensamos antes de dormir. O importante não é a obsessividade com as escolhas, mesmo porque não existem escolhas certas.

Muitas vezes escolher o que é aparentemente errado é o certo. Quero dizer, nossos caminhos "errados" são necessários para a composição do Universo. Tudo o que acontece provém da majestosa sincronicidade cósmica universal. A vida é sempre perfeita nas imperfeições. Embora não existam escolhas certas ou erradas, pois tudo é perfeição, quanto mais vivemos dentro do nosso canal de luz (essência e centramento), mais as nossas escolhas colaboram com a harmonização do todo. Não há nenhum sentimento, pensamento, palavra ou ação sem reverberação no todo. Toda escolha provoca uma reação em nosso campo e no Universo. As melhores escolhas de nossa vida não são feitas pela nossa personalidade, mas pela força do nosso ser. A obstinação pela felicidade encontra-se no limitante plano da mente. A nossa alma não está preocupada se o caminho que precisamos trilhar será difícil. Além disso, a terra e o céu nos apoiam quando cumprimos nosso destino essencial. A dificuldade está sempre no olhar distorcido. Fácil ou difícil não é uma determinação da realidade.

Quando estamos no canal de luz, as escolhas são fluidas e o Universo flui a nosso favor. Encontramos o que precisamos a cada instante. Deixar fluir é sincronizar com o Universo. As atitudes rígidas rompem com o fluxo de energia. Quando estamos na essência, o que sentimos geralmente está em ressonância com o que pensamos e nossas atitudes são coerentes. Se colocarmos crenças preestabelecidas como guia para as nossas ações, o fluxo se interrompe. O que é verdadeiro em um momento pode não ser em outro. Portanto, para vivermos em harmonia com o todo, saboreando a graça do Universo, precisamos deixar fluir a vida sem as preconcepções que nos enrijecem.

Estamos no mundo para manifestar a essência divina e cumprirmos nossos propósitos. Até que o último indivíduo não esteja manifestando a luz, todos seremos responsáveis pelo planeta. A evolução nunca é só individual. Se somos um, então a nossa libertação só acontecerá quando todos se libertarem. Dessa forma, precisamos passar do julgamento para a compaixão. Enquanto ficamos na oposição com o outro, estamos contribuindo para a sustentação do posicionamento dele na sombra, portanto, obstruindo o seu próprio desenvolvimento e o da humanidade. Uma vez que viemos da mesma origem e pertencemos à mesma fonte, holograficamente o todo está em mim e eu estou no todo. Quando substituirmos o desamor pela compaixão, estaremos sendo agentes da luz e cooperando para que o planeta dê um salto quântico, necessário para a manifestação da nova dimensão na Terra (dimensão da fraternidade e da igualdade), que abordarei no próximo capítulo.

Podemos, com mais ou menos facilidade, sentir fagulhas da unicidade, tais como sentimento de amor, plenitude, gratidão, êxtase espiritual, porém o desafio é sustentar o estado de graça. Para isso, precisamos desenvolver o enraizamento, que nos traz uma sensação de segurança por estarmos conectados à terra. Explicarei mais adiante o funcionamento deste fluxo de energia. Muitas vezes, a energia bloqueada na garganta, no cardíaco, no plexo solar, na virilha, nos joelhos, nos pés ou em outras partes do corpo impede que o fluxo de energia alcance a terra. Assim, os bloqueios corporais, emocionais, mentais e a falta de ligação com a terra impedem a sustentação do estado de unicidade. Quanto mais nos desbloqueamos, em todos os níveis, mais nosso corpo e nosso campo podem conter a luz. Ela está à nossa disposição; porém, por causa das limitações, muitas vezes, inconscientemente não suportamos e rompemos com o recebimento da luz. Quando não sustentamos um aumento no fluxo da luz, podemos tomar atitudes inconscientes que terminam por afastar o amor, a prosperidade, a energia, entre outras bênçãos.

A vida oscila entre a contração e a expansão. Porém há a contração natural, que é voltarmos para nós mesmos depois de receber algo ou após uma expansão, que não é uma contração provocada pelo boicote. A expansão e a contração fazem parte do funcionamento do Universo. Ninguém pode viver só a expansão, nem apenas a contração. E para vivermos em estado de harmonia, seguindo o fluxo da energia, precisamos respeitar e aceitar a expansão e a contração, a fartura e a escassez, a euforia e a introspecção, o movimento e a parada, estar com os outros e estar só, ou seja, incluir todos os pares de oposição da existência. A sociedade histérica tende a negar a contração, criando artifícios para estarmos sempre em uma aparente expansão. Precisamos seguir o fluxo da energia que se apresenta no momento. Um dia de chuva, por exemplo, para muitos é denominado como um tempo feio, mas pode ser um convite para o prazer do autoacolhimento. Um período de restrição financeira é uma possibilidade de uma reavaliação ou até mesmo de contemplação ao que já foi construído. Um período de solidão pode ser oportuno para reforçar a aliança com o ser e solidificar uma autoestima genuína, o que facilitaria a realização no caso do posterior encontro com o outro. Assim, quando respeitamos a expansão e a contração natural, não rompemos com o fluxo da vida por meio da queixa, do aborrecimento ou da reclamação.

Nesta nova era, estamos mais predispostos a romper com a identificação paralisante, com as dualidades e com a separatividade. A expansão contém a semente da contração e o contrário também é verdadeiro. Um desentendimento em qualquer relacionamento, por exemplo, pode levar a um aprofundamento e a uma qualidade melhor do vínculo. Toda qualidade pode conter o seu oposto. A verdadeira fé é manter a integridade no ponto alto e baixo de qualquer situação. Para isso, precisamos deixar nosso ser superior na direção. Entregar nossa vida a seu comando, abrindo mão das expectativas e anseios egoicos. Quanto mais deixamos que nossa essência se manifeste em todas as áreas da vida, menos nos desgastamos com frustrações decorrentes de desapontamentos do ego. Não há tantas oscilações ou descontinuidades.

Quando nosso ser essencial dirige a nossa vida, também sofremos menos descontinuidade entre um papel e outro. Quero dizer, posso manifestar as qualidades do meu ser no profissional, assim como as expresso na família e em outras áreas. Sentimos insatisfação em alguma área da vida, quando não podemos expressar as qualidades da essência. Isso ocorre por estarmos escolhendo o que não tem ressonância com a nossa essência ou quando estamos reféns de algo externo. Quando nossa escolha veio do ego e não da essência, é provável que nosso ser essencial tenha dificuldade de emergir nesse papel. Por exemplo, a escolha de um trabalho que forneça mais retorno financeiro que realização ou de um companheiro que dê mais segurança que satisfação afetiva são restrições para o recebimento da luz e manifestação da essência.

O risco dessa descontinuidade, de não sermos quem somos em todas as áreas da vida, não é apenas de insatisfação, mas também de romper com o nosso propósito e consequentemente com o propósito coletivo. Ou por estarmos no lugar errado, isto é, dissonantes com a essência, ou por reprimirmos nossa luz. Quando o ser não se manifesta, criamos separatividade, afastamo-nos da unicidade. Nossa alma se alegra quando estamos onde devemos estar, expressando o ser que somos em harmonia com o todo. Precisamos estar conscientes de que o lugar que ocupamos pode ser mutável, pois o que é a realização para a nossa essência em um momento pode não ser em outro. Quando nos transformamos e nosso trabalho, relacionamento ou qualquer outra circunstância permanecem estagnados, há uma divisão e podemos não mais estar no lugar "certo" e com as pessoas "certas". Se por medo ou insegurança resistirmos à transformação, a angústia ou a desvitalização podem revelar que a energia começou a congelar. Há pessoas que adoecem por não conseguirem fazer as passagens necessárias.

É importante explicitar que sentir dissonâncias não significa que temos de mudar de emprego, de relacionamento, de empregados. Precisamos primeiro avaliar o que em nós mesmos necessita ser transformado para entrarmos em outro padrão de energia. Se tivermos consciência e se fizermos em nós mesmos as transformações necessárias, mas a energia continuar estagnada, então precisamos de mudanças "externas". Porém, quem está sempre mudando, sem fazer a transformação interna ou sem dar o tempo necessário para que o outro (pode ser um trabalho, um amigo, um companheiro, etc.) se transforme, está constantemente rompendo com o fluxo, não estabelecendo vínculo. Há pessoas que têm esse padrão de se cansarem de tudo, acusando sempre o externo sem olharem para si mesmas.

Precisamos ter a percepção que vem da essência, para sabermos se podemos ir além na nossa mudança pessoal ou para identificarmos quando uma história chegou ao fim e o nosso ser está pedindo para começar outra. De qualquer forma, o caminho para estar onde devemos estar é sempre ouvir a essência. Desse modo, podemos colaborar com a unidade, realizando a nossa parte. Quanto mais nos conhecemos, mais sabemos de fato o que queremos. E, quanto mais nos guiamos a partir do nosso ser, mais somos levados naturalmente para onde devemos estar. Precisamos apenas dar o consentimento para que a essência esteja na direção. Quando isso acontece, contribuímos para a totalidade. Quanto mais expressamos a essência em todas as circunstâncias, mais vivemos na unicidade, mais nos ligamos a tudo e a todos. Quanto mais nos conscientizamos de que somos luz e de que tudo é, mais promovemos a unicidade.

Capítulo 4

Dinâmica do Desenvolvimento Energético Individual e Coletivo

O processo de desenvolvimento pessoal segue um percurso energético de baixo para cima. No primeiro nível, trabalhamos o primeiro triângulo, centro de energia também conhecido como *chacra*. Os chacras são centros energéticos responsáveis pela nossa saúde física e emocional. O primeiro triângulo está relacionado com a nossa sustentação na Terra, a energia física (vital), a segurança básica de sobrevivência. Muitas experiências dessa fase são registradas nos pés e nas pernas. No nível emocional, registramos as experiências de acolhimento, aconchego, rejeição, participação, abandono, entre outras. Estas vivências do bebê e da criança ficam mais registradas na região do ventre, que corresponde ao segundo triângulo.

Posteriormente, mas ainda também vivenciando as fases anteriores, a criança passa para a fase de absorção de crenças, regras e papéis da família e da sociedade. Os complexos de culpa, assim como as distorções de poder, são formados nesta etapa. No nível físico, estes registros encontram-se mais no abdômen, terceiro triângulo. Nessa fase pessoal,[1] inicia-se a formação do ego. Em nosso processo de desenvolvimento pessoal, vamos fortalecendo o ego para formarmos uma estrutura sólida que nos possibilite garantir a nossa sobrevivência emocional e que nos forneça segurança para vivermos e nos expressarmos na vida.

---

1. Ken Wilber, criador da psicologia integral, que intenciona unificar ciência e espiritualidade, classificou os estados de desenvolvimento da consciência humana em: fase pré-pessoal: período de formação da base fisiológica, em que predomina o sensorial; fase pessoal: período de organização do eu, absorção de regras e papéis e desenvolvimento da mente lógica. Inicia por volta dos 7 anos; fase transpessoal: período de desenvolvimento dos níveis sutis da consciência, em que o indivíduo se abre para experiências transcendentais.

Quando chegamos à fase da adolescência, já temos um ego estruturado para fazer a passagem para a vida adulta. Nessa etapa, o ego é reforçado para lidar com os apelos internos e externos. Essas pressões possibilitam progressivamente o ego a ir criando forças. Entretanto, se a carga emocional negativa interna e externa for excessiva, o ego não cria forças para se estruturar, tornando-se frágil. Um ego fragilizado tem dificuldade de sustentar a manifestação da essência. Assim, o primeiro passo em qualquer trabalho iniciático ou terapêutico é o fortalecimento do ego, quando este está fragilizado. Por outro lado, há aqueles que, por medo, fortalecem o ego além dos limites, tornando-o rígido ou excessivamente poderoso. Essas pessoas inflam o ego demasiadamente porque faltou para elas uma base de enraizamento. Quando há falta de energia nos pés e nas pernas, uma das estratégias para promover a segurança é expandir e conter a energia no tórax e nos ombros. Esse padrão físico aparece em pessoas que expandiram demais o ego. Assim, o trabalho para flexibilizá-lo é adquirir uma base de segurança e enraizamento. Quando se tem uma sensação de proteção interna, não é necessária a defesa da onipotência.

Enfim, fortalecemos o ego para garantir a sobrevivência emocional de nossa criança interior. Embora posteriormente na vida adulta já estejamos salvos e seguros, muitas vezes continuamos agindo com uma rigidez egoica e com fortes defesas como se fôssemos ainda uma criança frágil. A proteção é necessária até a nossa estruturação. Depois, ao nos tornarmos adultos, temos a possibilidade de formar raízes sólidas; não precisamos de uma barreira rígida de defesa. Assim, o que era benéfico até certo ponto, pois foi saudável fortalecer o ego para nos proteger, passa a nos causar prejuízos quando ficamos paralisados nessa fase de autoproteção. Quando permanecemos identificados com o ego e seus padrões de controle e distorções de poder, limitamos a possibilidade de passarmos para o nível seguinte do nosso desenvolvimento: o transpessoal, que corresponde ao quarto triângulo. Nesse nível, o indivíduo pode abrir o coração e expressar a essência.

Todos nós, em algum momento, precisamos dissolver aos poucos o controle do ego para a progressiva entrega ao comando do eu superior. Para a maioria das pessoas, ter atingido um ego sólido e ter correspondido às expectativas sociais de êxito financeiro, sucesso profissional, casamento ou família estruturada pode ser suficiente. No entanto, para outras, há o despertar da consciência de que as realizações materiais, profissionais e afetivas não trazem a total satisfação para o ser. A partir desse vazio, o indivíduo pode conectar-se com o anseio de maior expressão de sua alma. Assim, pode atrair a desestruturação interna ou externa ou ter uma perda de interesse pelo que anteriormente lhe dava mais satisfação. Nesse processo, ele pode abrir mais o cardíaco e ascender a outros níveis superiores da existência. Pode passar a vivenciar e expressar níveis mais sutis da consciência.

Observamos que há uma profunda correlação entre o desenvolvimento emocional e a evolução espiritual. Pois só é possível sustentar a presença do ser nos níveis mais sutis da consciência, quando os estágios anteriores estão mais estruturados. O primeiro nível de desenvolvimento, pré-pessoal, corresponde à estruturação do primeiro e do segundo triângulos. Nessa fase, a criança cria sua estrutura de segurança e grande parte de seus padrões emocionais. O segundo nível, pessoal, corresponde ao terceiro triângulo. Nessa fase, a criança cria seu sistema de crenças. Pode ir além dessa fase, questionando o absorvido, atingindo a visão dialética integradora para assim atingir o nível transpessoal. Esse nível corresponde à expansão do quarto triângulo, que confere maior capacidade de troca afetiva, com integridade. Os outros triângulos superiores podem ser naturalmente desenvolvidos nessa etapa. O quinto confere ao indivíduo uma estima genuína que lhe permite expressar-se livremente. O sexto e o sétimo conferem, respectivamente, maior compreensão e conexão espiritual com todos os seres.

O padrão vibratório da Terra foi se transformando com a evolução da consciência humana. São diferentes dimensões pelas quais a humanidade passou. Esse momento planetário reflete a passagem da terceira para a quarta dimensão. As dimensões são padrões vibratórios que correspondem aos triângulos. Descreverei mais profundamente os estágios de desenvolvimento humano antes de abordar o coletivo.

Para compreendermos o primeiro estágio é importante termos clareza de que o desenvolvimento inicia-se antes do nascimento. Anteriormente à gestação, o campo individualizado da consciência, que é o ser essencial, por ressonância mórfica, escolhe seus pais. As qualidades que o ser irá manifestar e as dificuldades e os bloqueios que ele precisará transformar lhe serão transmitidos pela combinação do campo morfogenético do pai e da mãe.

A dimensão fisiológica do embrião será desenvolvida de acordo com as experiências que aquele ser precisa manifestar na Terra. Por exemplo, se ele precisa viver uma experiência de enfermidade no fígado, este órgão já será formado com uma certa deficiência para que esse fato seja manifestado. É importante lembrarmos que as experiências pelas quais precisamos passar podem ser transformadas de acordo com o desenvolvimento da nossa consciência. Todas as características físicas são moldadas no fisiológico, de acordo com que o ser precisa vivenciar, porém, no decorrer do desenvolvimento, elas podem ser alteradas. Podemos citar outros exemplos: uma pessoa que precisa desenvolver a força de vontade pode nascer com tendência à obesidade. Nesse caso, cuidar da manutenção do seu peso poderia ser um meio de trabalhar esse aspecto. Uma pessoa que precisa desenvolver o amor incondicional por si mesma pode nascer esteticamente desproporcional ou com distorções físicas em uma cultura na qual há uma superestimação da beleza.

Enfim, todas as nossas imperfeições físicas, emocionais ou mentais são formadas porque temos o propósito de manifestar uma qualidade específica da nossa essência. Escolhemos os pais, a família, o local, entre outras condições de nascimento, de acordo com o que nos propusemos desenvolver na Terra. Há muitos que não aceitam esse paradigma, afirmando que não teriam escolhido isto ou aquilo. Contudo, essa é uma escolha de outro nível. As escolhas da alma não são pelo mais confortável, mas pela evolução.

Após a concepção, o primeiro estágio de desenvolvimento é a gestação. A partir do 17º dia, já se desenvolvem os peptídeos, que são os sensores que captam as sensações do meio externo e as registram nas células. As sensações e as emoções experienciadas pela mãe, pelo pai ou por aqueles que são próximos são absorvidas pelo embrião. A forma que o ser vivencia o nascimento também deixa forte registro em suas células, que o leva a repetir os padrões do nascimento em outras circunstâncias da vida. Por exemplo, uma pessoa que sente sufocamento, que veio para transformar impedimentos de expressão, pode nascer com o cordão enrolado no pescoço, criando um bloqueio na área da garganta. Essa pessoa tende a atrair situações em que ela precisa se expressar, com o propósito de se libertar e, por ressonância, todos que possuem o mesmo bloqueio e que estão prontos para dar o salto quântico dessa mudança. Sempre que nos libertamos, fazemos por outros dos reinos mineral, vegetal, animal e humano que estão na mesma frequência vibratória.

Diante da nossa mudança pessoal, as pessoas que nos cercam podem se transformar ou retirarem-se do contato conosco. No caso da família, a mudança pessoal sempre influencia a constelação familiar, ainda que de forma sutil, em geral, quase imperceptível. Certamente, quando se libera um padrão negativo, aqueles que complementavam essa negatividade, ou rompem o vínculo, ou modificam junto o comportamento complementar. Pode acontecer, também, que o outro modifique o padrão somente com a pessoa que se transformou. Por exemplo: um pai agressivo que tem cinco filhos. Quando um deles transforma o padrão de receber agressão e desperta o seu amor-próprio, o pai pode, de acordo com o desenvolvimento de sua consciência, curar-se nesse aspecto e passar a enxergar os filhos com mais respeito ou pode modificar o comportamento tirano somente com aquele filho que rompeu com essa complementaridade. Como Freud afirmava: "As pessoas fazem com a gente aquilo que fazemos com nós mesmos". Assim, atraímos o que vibramos.

Repetimos padrões com o propósito de transformá-los por nós e pelo todo. Cada padrão que se repete é uma oportunidade de transformação. Se, por trás das nossas imperfeições emocionais, estão os nossos propósitos de desenvolvimento individual e coletivo, por mais saudável que seja a educação dos pais, os bloqueios sempre estarão instaurados nos filhos, mesmo porque, se hipoteticamente existissem pais ideais, a sociedade, por apresentar tantas distorções, de qualquer forma traumatizaria o indivíduo ainda que em menor grau. Quero dizer que independentemente dos pais, da escola ou do social, os bloqueios físicos, emocionais e mentais são necessários, pois por meio da sua transformação é que transmutamos o coletivo.

Assim, a partir da gestação, passando pelo nascimento, até aproximadamente os 7 anos, o ser vivencia a fase pré-pessoal. Nesse estágio, a criança absorve o campo mórfico cultural e familiar. À medida que se organiza de modo sensorial, a criança vai aprendendo formas de responder emocionalmente às circunstâncias e registra os padrões de comportamento da família e da sociedade em que está inserida. Forma-se a estruturação psicológica do indivíduo na relação com o mundo. A maior parte dos padrões incorporados pela criança é transmitida não verbalmente, mas de forma inconsciente. Nessa fase, a criança vivencia o emocional-fantasmagórico, sente as emoções sem conseguir discerni-las e pode ser tomada inesperadamente por elas.

As emoções são provenientes de fantasias que a criança cria segundo uma lógica própria. Por isso, esse estágio é chamado de fantasmagórico, como se houvesse uma nebulosidade pela qual a criança enxerga as circunstâncias. Por exemplo, quando ela vê uma sombra, pode reagir como se estivesse enxergando um monstro; ou quando a mãe demora a chegar, a criança pode ser tomada por um desespero ou uma sensação de perda como se ela não existisse mais. Levamos esses registros para a vida adulta. Há indivíduos que têm muitas fixações nessa fase. Um sinal de fixação na fase pré-pessoal é responder a situações a partir do emocional-fantasmagórico. Como desesperar-se ou exagerar as emoções diante das circunstâncias, que poderiam ser percebidas com menos distorções e com mais objetividade.

Quase todos possuem algum núcleo aberto da fase pré-pessoal que, em alguma situação na vida, pode se manifestar. Se a fixação é muito forte e o indivíduo não consegue estruturar-se na fase seguinte, podem manifestar-se, então, as psicoses. O psicótico vive em um mundo fantasmagórico, muitas vezes não conseguindo alcançar a mente reflexiva. Na fase pré-pessoal de desenvolvimento, a energia está fortemente voltada para a constituição do corpo físico. Os bloqueios, nessa etapa, podem propiciar o rompimento do ser essencial com o seu corpo. A energia pode ser retirada das extremidades, ou seja, as mãos ou os pés. Assim, a falta de energia nos pés traz sentimento de insegurança e, nas mãos, traz uma quebra da ligação com o cardíaco, propiciando medo dos relacionamentos. Todos nós apresentamos em maior ou menor grau bloqueios nessa etapa de desenvolvimento, todos temos alguma forma de insegurança e algum medo nas relações.

Os traumas experienciados, desde a gestação até os 7 anos, fazem com que a energia não ocupe totalmente o corpo físico. É o que chamamos de não estar totalmente presente no corpo. Em casos extremos, formam-se as psicoses. A maior parte das pessoas possui desvitalizações em determinadas partes do corpo, refletindo inseguranças e medos crônicos. Na Kabalah e na psicoterapia transpessoal, existem técnicas para que a energia ocupe totalmente o corpo físico.

O estágio seguinte ocorre geralmente após os 7 anos, corresponde à fase pessoal, na qual se constitui a personalidade. Entre os 7 e os 10 anos, a criança incorpora e estrutura as regras e os papéis a serem desempenhados. Dos 10 aos 14 anos, estabelece-se a mente reflexiva formal, quando o indivíduo toma a consciência de si mesmo. Os bloqueios vivenciados nessas duas fases podem ser expressos na vida adulta como desequilíbrios de adaptação social ou excesso de rigidez para garantir o seu lugar no meio familiar e social. Dos 14 aos 21 anos, aproximadamente, cria-se a visão dialética e integradora, quando o indivíduo compreende o mundo e ele mesmo. Forma-se o "eu". Nessa fase, é possível questionar os padrões absorvidos pela família e pela cultura, e escolher com quais valores o indivíduo pode se identificar e com quais irá se rebelar. Ele estabelece a sua identidade.

Este processo de "seleção" pode e deve continuar infinitamente. Alguns indivíduos bloqueiam parte de seu desenvolvimento nessa fase, cristalizam suas crenças nos padrões recebidos, respondendo sempre da mesma forma às circunstâncias. Outros, que têm a possibilidade de maior expansão da consciência, seguem por toda a vida escolhendo os valores e os comportamentos que mais se complementam com as qualidades da sua essência. Quanto mais o indivíduo é capaz de se libertar de padrões culturais e familiares que não ressoam com a sua alma, mais a essência pode se expressar.

Abordamos então a primeira fase, pré-pessoal, em que a ênfase está na preservação do corpo físico; a segunda, pessoal,[2] que se refere à formação de normas e crenças para a sobrevivência na sociedade; e a terceira, que consiste na percepção do próprio eu, integrando o si mesmo e o coletivo. Quando essas fases estão estruturadas, o indivíduo, de acordo com a sua expansão de consciência, pode ou não passar para a quarta etapa do desenvolvimento: a transpessoal. Se o indivíduo limitou-se na fase de percepção do próprio eu, não separando os próprios valores dos familiares e sociais, então terá dificuldade para atingir a fase transpessoal. Nessa fase o indivíduo tem consciência de que faz parte de um todo. Percebe e sente a totalidade. Pode viver a experiência da unicidade. As pessoas e as situações podem ser percebidas também com o coração, não somente com a cabeça (mente). A função do pensamento não é mais tão dominante, mas complementa-se com a contemplatividade. As pessoas que tendem a racionalizar tudo estão fixadas na fase dialética e integradora.

O indivíduo, quando atinge a fase transpessoal, passa a ter consciência da tarefa que veio cumprir neste planeta, assume o seu propósito de vida, expande as qualidades essenciais e manifesta a sua divindade. É importante ter consciência de que, quando passamos a vivenciar esta quarta etapa, com frequência, não sustentamos permanecer nela. Transitamos entre os níveis de desenvolvimento. Com o processo evolutivo, tendemos viver cada vez mais nesse nível e podemos pautar mais nossas ações a partir desse padrão vibratório. Pressupõe-se, também, que a base de segurança e a sustentação de vida do indivíduo estejam estabelecidas. Se o indivíduo manifesta amor e tem uma conexão com o

---

2. A fase pessoal e a fase dialética e integradora correspondem ao maior desenvolvimento do terceiro triângulo. A fase transpessoal corresponde ao maior desenvolvimento do quarto, quinto, sexto e sétimo triângulos.

espiritual, mas não sente uma base interna de segurança nem tem uma sustentação material na vida, então há uma lacuna em seu processo de desenvolvimento que deve ser revista. A falta de base de segurança corresponde a bloqueios na fase pré-pessoal. Ou seja, para sustentarmos permanecer no padrão vibratório do nível transpessoal, precisamos reconhecer e transformar os bloqueios das fases anteriores.

Essas etapas de desenvolvimento não são separadas, elas se entrelaçam. Podemos estar vivendo em uma frequência mais transpessoal, mas diante de uma situação de perda vivenciamos aspectos registrados em nós da fase emocional-fantasmagórica. Podemos, diante de uma forte pressão, retornarmos a bloqueios registrados na fase pré-pessoal. Transitamos entre as fases. Pessoas mais identificadas com o ego podem, em alguns momentos da vida, vivenciar experiências transpessoais. Um dos principais propósitos da terapia transpessoal e da Kabalah é liberar as impregnações corporais provenientes das diferentes etapas de desenvolvimento para que possamos cada vez mais sustentar a frequência vibratória dos níveis mais elevados de consciência.

O processo de desenvolvimento coletivo segue etapas semelhantes ao desenvolvimento humano. No início do desenvolvimento da vida na Terra, os seres viviam com a sua consciência voltada somente para a sua sobrevivência física e para a satisfação de suas necessidades fisiológicas. Nessa fase, que chamaremos de primeira dimensão, havia uma predominância do uso do sistema reptiliano. O sistema límbico, responsável pelas emoções, ainda não estava muito desenvolvido. O córtex, responsável pelo raciocínio lógico, era praticamente inexistente.

O ser humano só pôde surgir na Terra quando a realidade física estava bem estabelecida e o sistema reptiliano chegou ao ápice do seu desenvolvimento. Aos poucos, durante milhares de anos, a humanidade foi desenvolvendo seu sistema límbico e passou a expressar as emoções. Nessa fase de desenvolvimento, que podemos chamar de segunda dimensão, o homem era movido por seus impulsos e emoções. O córtex era rudimentar; assim, a função do pensamento era pouco desenvolvida. Os sentimentos foram desenvolvidos muito posteriormente, já que, diferentemente das emoções, estes passam pelo crivo da razão. À medida que começaram as primeiras organizações, o homem foi desenvolvendo a mente. O córtex foi sendo cada vez mais ampliado, e a civilização neste momento atual se encontra no ápice do seu desenvolvimento intelectual e tecnológico. Podemos denominar esta etapa de terceira dimensão.

A primeira dimensão é física, a segunda é emocional e a terceira é mental. O propósito de nossa civilização foi cumprido; o ser humano é capaz de exercer seu poder, atributo básico da terceira dimensão. Quando chegamos ao ápice, somos tomados por inquietação, ansiedade e insatisfação. É por isso que nesse momento planetário há tantas pessoas que sofrem depressão, sentimentos de pânico e de vazio. A alma coletiva clama por novos caminhos, novos paradigmas, novas formas de se relacionar e viver. Começa a se estruturar a quarta dimensão, na qual há mais expressão do cardíaco e dos níveis espirituais que do ego. Está ocorrendo uma mudança do padrão vibratório da Terra. Estamos caminhando para viver uma vibração mais de quarto triângulo (cardíaco) que de terceiro (poder/mente). O indivíduo capaz de transitar do nível egoico (terceiro triângulo) para o transpessoal (quarto triângulo) está mais ressonante com o padrão da quarta dimensão.

Observamos que as crianças que estão nascendo hoje apresentam, assim que nascem, maior desenvolvimento intelectual. Isto porque a terceira dimensão já está bem estabelecida na Terra. O intelecto se apresenta mais desenvolvido, porque os indivíduos estão vindo para a encarnação nesse momento, não tanto para desenvolver questões tecnológicas, mas aspectos do coração e da espiritualidade. A humanidade já está vindo em outro padrão vibratório. Na verdade, muito se fala em quarta dimensão, mas a Terra já entrou em 2009 na quinta dimensão. A quarta dimensão é apenas uma passagem, assim como o quarto triângulo é o intermediário entre os centros mais ligados à Terra (primeiro, segundo e terceiro) e os mais ligados ao Universo (quinto, sexto e sétimo). A quarta dimensão representa uma passagem para o estabelecimento de uma vibração mais elevada no planeta.

Então, neste momento atual, estamos passando da terceira para a quinta dimensão. Porém, como há poucas pessoas vibrando no padrão da quinta, podemos dizer que ainda estamos na passagem, ou seja, a Terra está mais ressonante com a quarta dimensão. A quarta representa a abertura do coração, a quinta também agrega o cardíaco, mas vai um pouco além, incluindo profundamente as realizações dos propósitos de vida.

Vivemos neste momento um grande caos planetário, pois temos uma nova civilização se sobrepondo a uma antiga. É um momento de transição e os que estão apegados à terceira dimensão estão sofrendo. Esta é a dimensão da posse, do poder, que foi distorcido para sobrepujar as pessoas, do domínio, do individualismo, do ego em seu ápice de desenvolvimento, que também foi distorcido para o egocentrismo. As transformações externas ocorrem porque essas pessoas não suportam mais permanecer neste padrão, por isso, é que muitas estão passando por situações de perdas financeiras e de poder, como uma tentativa inconsciente de tomar novos caminhos, mais ressonantes com o padrão vibratório da quarta dimensão. Assistimos a terrorismos e guerras destruindo potências egoicas.

Muitas mudanças individuais e coletivas estão acontecendo para que o indivíduo se desapegue do ego e passe a expressar mais o essencial. O medo da perda, o apego excessivo, a intolerância, o autoritarismo e o egoísmo são padrões distorcidos da terceira dimensão que impedem que nova civilização se concretize. Precisamos estar conscientes de que nossos atos semeiam construções energéticas que se manifestam no mundo físico de acordo com o padrão em que vibramos. Nessa transição, somos todos responsáveis e estamos constantemente escolhendo por meio de nossos sentimentos, pensamentos e ações, entre a civilização do ego ou da essência.

Enfim, grande parte das pessoas vive mais no nível físico, emocional e mental. Em épocas anteriores, havia pessoas que tinham pouco acesso ao nível mental, viviam em um nível pré-pessoal, no qual ainda não havia estruturação de ego. Ainda hoje, há pessoas e sociedades que vivem próximas a esse padrão. Encontram-se mais ressonantes com a segunda dimensão, agindo reativamente, sem o uso da razão e da moral (atributos da terceira dimensão). Em nossa civilização, estamos no ápice da formação egoica. Atualmente, o nível mental está bem consolidado. Observemos, por exemplo, o progresso tecnológico dos últimos cem anos. Essa aceleração do nível da mente teve como finalidade facilitar a vida do ser humano para que ele pudesse disponibilizar mais o seu tempo para cuidar do ser e experienciar mais a camada seguinte: espiritual.

Há pessoas que estão fazendo essa passagem, expandindo a consciência dos níveis espirituais. Há outras pessoas, grupos e países que estão fortemente apegados aos níveis da mente e do ego. Os que se encontram no padrão da dominação são representantes da fixação egoica. A tendência de pessoas, grupos ou países que se encontram nesse padrão é de atrair situações de perda ou até mesmo tragédias a fim de despertarem para os níveis seguintes do desenvolvimento. O importante é que está se ampliando o número de pessoas que estão abrindo o canal do coração e da espiritualidade. É inegável que o planeta está melhor. A incorporação da sombra tende a ser parcial. A última sombra que dominou multidões aconteceu na Segunda Guerra Mundial. Entretanto, parte desse campo continua presente na Terra.

É uma escolha nos sintonizarmos com o campo dessa sombra ou com o de Jesus, por exemplo. É importante estarmos conscientes de nosso compromisso diário de estarmos na luz, pois não existe campo neutro no mundo das dualidades. Se não estamos na essência, então estamos ressoando com a sombra. Qualquer desalinhamento pessoal está poluindo o planeta. A energia é única, sem divisões, porém, ao se manifestar na Terra, ela se torna dual. Então, estamos diariamente, minuto a minuto, escolhendo ou a dor e o caos planetário ou a essência e a sustentação da civilização da compaixão.

Capítulo 5

Consciência do Fluxo de Energia

Faz parte de nossa tarefa de vida liberar o fluxo da energia que foi bloqueado em nosso corpo físico e energético, pois, quanto mais o liberamos, mais nos desapegamos dos níveis anteriores do desenvolvimento para atingirmos o nível transpessoal, ressonante com o padrão vibratório da quarta dimensão. Quanto mais ascendemos aos níveis superiores de desenvolvimento, mais sustentamos a expressão da essência. Quanto mais expressamos a essência, mais a energia flui em nosso campo e em nossa vida. Ao liberarmos bloqueios que foram estruturados nas fases de desenvolvimento, mais fortalecemos nosso campo energético e mais liberamos o fluxo da energia, facilitando a permanência da consciência no padrão vibratório da quarta dimensão.

O desenvolvimento espiritual é bloqueado quando existem bloqueios nas fases de desenvolvimento do campo físico, emocional e mental. É por isso que a Kabalah profunda, originada no Egito, trabalha a transformação dos impedimentos desses níveis, não somente do espiritual. Muitos religiosos apresentam desequilíbrios porque só buscam trabalhar o nível espiritual. A liberação do fluxo energético acelera o desenvolvimento da consciência e, por sua vez, o processo evolutivo aumenta o fluxo da energia. Quando o ego está enrijecido, bloqueamos o fluxo energético. Da mesma forma, quando estamos fortemente identificados com uma parte de nós mesmos ou com algum papel que desempenhamos, também podemos aprisionar a energia. Isso ocorre porque fragmentamos o eu, perdendo a conexão com a nossa própria dimensionalidade e com o todo. Não há separação entre o mundo interno e a vida externa. Se a energia flui no corpo, nos triângulos e nos meridianos, as ações no mundo também são fluidas.

Antes mesmo do nascimento, na fase uterina, nosso campo de energia já sofre influências do meio externo. Já ocorrem os bloqueios que impedem o livre fluxo da energia. No momento do nascimento, quase sempre, cristalizam-se outros bloqueios. Posteriormente, na infância, somos mais vulneráveis, portanto, mais suscetíveis às interferências externas. Os padrões energéticos dos pais e do meio externo tendem a moldar o campo de energia da criança, reproduzindo bloqueios ou facilidades. Na adolescência, estes tendem a ser confirmados. É comum o adolescente repetir uma cena de infância para que seu bloqueio seja consolidado e atrair circunstâncias facilitadoras para reforçar seus aspectos da essência. Depois, na vida adulta, tendemos a ir reproduzindo sempre as mesmas histórias de fracasso ou sucesso.

Podemos dizer que, antes mesmo da entrada na vida uterina, já viemos com o campo de energia predisposto aos bloqueios, que são aspectos que escolhemos transformar, e às facilidades, que são características da nossa essência que viemos expressar. Por ressonância mórfica, ou seja, por semelhança da forma energética, escolhemos os pais e o meio em que nascemos para que nossos bloqueios e facilidades sejam manifestados na Terra, como vimos no capítulo anterior. Por exemplo: se um dos propósitos do indivíduo é transformar o sentimento de rejeição, um dos pais pode ser rejeitador.

Nascemos exatamente no meio necessário para transformarmos nossa sombra e manifestarmos nossa luz. Aquele que nasce em uma família, mas é criado por outra, é porque necessitava dessas duas influências para cumprir seus propósitos de vida. Bem como todas as pessoas que nos cercam em nossa infância "trazem" qualidades e bloqueios que precisamos interiorizar em nosso campo. De qualquer forma, a nossa criança só absorve do meio o que está ressonante com a sua essência ou com a sombra que precisa transformar. Por exemplo, uma professora hostil pode não traumatizar uma criança que não veio para resolver bloqueios de autoestima, mas pode deixar marcas em outra que veio para desenvolver o amor por si mesma. Assim, nossos opositores na vida são os que ativam o nosso processo de transformação. Com muitas pessoas fizemos um contrato sagrado antes de nascer para nos encontrarmos na Terra a fim de um determinado propósito. Com alguns nos encontramos para ativar potenciais e qualidades da nossa essência e com outros, para ativar bloqueios que precisamos transmutar.

Muitas vezes, encontramo-nos com as pessoas mais íntimas para que elas ativem a nossa luz e a nossa sombra e também nós a elas. Este contrato sagrado não tem relação com carma. Quando aprendemos o que tínhamos de aprender com alguém que nos faz "mal", não precisamos mais permanecer em sua presença. E, quanto àqueles que ativam a nossa essência, podemos escolher permanecer juntos na caminhada ou não. De qualquer forma, tudo que já cumpriu o seu propósito pode se dissolver. Os que afinam com a nossa essência, algumas vezes, permanecem conosco por toda a existência, porque ambos podem ir ativando mutuamente o ser essencial. Quando enxergamos as pessoas que fizeram parte da nossa vida a partir da ótica do contrato sagrado, podemos perdoar os que nos trouxeram dores. Podemos também nos desapegar daqueles que nos fizeram bem e que por algum motivo não podem mais fazer parte do nosso cotidiano. Pois estamos no presente momento exatamente com quem precisamos estar, para liberarmos a nossa sombra e vivenciarmos a nossa luz.

Os pais e os criadores são o veículo necessário para os nossos propósitos. Por isso, precisam sempre ser honrados. Só por terem nos consentido a oportunidade de vida, já devemos ser totalmente gratos. Mesmo aqueles que de alguma forma rejeitaram a vinda de um filho, no nível da alma, eles consentiram, caso contrário não seria possível haver a gestação completa. Não só a mãe, mas também o pai, mesmo que ele esteja distante, consentiu com o recebimento do filho, se a gestação se sustenta até o final. O sentimento de gratidão pelos pais ou criadores é essencial para a expansão na vida. É impossível a realização afetiva, profissional, emocional e financeira se existe raiva, rancor ou mágoa em relação a um dos pais. O ressentimento é capaz de paralisar o fluxo da energia. Precisamos compreender, libertar e tomar as rédeas de nossa história. Caso não seja possível haver o perdão a partir do nível emocional, podemos nos conectar com o eu superior para essa tarefa ou para a libertação de qualquer outro sentimento que obstrui o fluxo da vida. A libertação também pode vir do espiritual para o emocional.

Por intermédio do autoconhecimento, podemos ampliar a consciência para transformar os bloqueios e expandir a manifestação das qualidades da essência. Quanto mais nos desbloqueamos, mais a energia flui em nosso campo; e quanto mais trabalhamos para que nosso campo energético flua, mais nos libertamos dos bloqueios. Aqueles que são mais profundos podem ser removidos geralmente por meio de algum trabalho curativo. Porém, há pequenos bloqueios mais "superficiais" que contribuem para os desentendimentos do cotidiano e podem ser transformados por meio da atenção consciente e da respiração. O primeiro passo é o treinamento da auto-observação. É importante se perguntar: como estou hoje? Como está minha energia agora? Como estou me sentindo com esta pessoa ou neste ambiente? É essencial percebermos quais situações ou circunstâncias nos dão mais energia e em quais perdemos ou bloqueamos o fluxo. A partir dessa consciência, temos a possibilidade de escolher alimentos, pessoas e situações que trazem mais nutrição energética que outros.

 É claro que mesmo com pessoas que aumentam a nossa energia há momentos de conflito, em que o fluxo se contrai ou se rompe. Na contração ou no bloqueio pode haver uma diminuição da respiração, enrijecimento da musculatura e a essência pode se ocultar. Quando isso acontece, é fundamental expandir a respiração para não romper o próprio fluxo, sentir o eixo da coluna para lembrar quem se é e, posteriormente, entender o que desencadeou o conflito. Mesmo que a iniciativa de romper o fluxo venha de outro, tudo é uma complementação. Assim, é importante investigarmos que parte de nós mesmos complementou com a agressão do outro ou com a rejeição ou qualquer outra atitude que tenha ocasionado o desequilíbrio na relação. Geralmente são questões inconscientes que atraem a circunstância. Por exemplo: se uma pessoa tem histórico de rejeições, ela tem essa energia de rejeição em seu campo; assim, independentemente de atitudes conscientes que ela tome, em algum momento ela acabará atraindo a situação de rejeição. Da mesma forma, alguém que foi bem-vindo e bem cuidado na vida, sobretudo na infância, tem a tendência a ser querido e bem recebido pelas pessoas. Com certeza, não estamos fadados a repetir a mesma história. Estamos na Terra justamente com o propósito de transformar os padrões negativos em nós mesmos e em nosso campo familiar. Mas para isso é necessário tomarmos consciência do que existe em nosso campo inconsciente.

 Por meio da auto-observação, podemos nos conhecer até chegarmos à origem de determinada dor. Quando tomamos consciência do momento da nossa história em que a energia se aprisionou em um trauma, podemos rematrizar a circunstância negativa, reconstruindo uma história positiva para nosso bebê, criança ou adolescente internalizados. Nosso eu adulto hoje tem o poder de acolher a dor da criança interna, nutrindo-a com amor e com a energia contrária da que foi estabelecida negativamente para ela. Perdoando e acolhendo nossa criança interna, abrimos campo para a atração de circunstâncias positivas. Podemos, assim, restabelecer mais um pouco o fluxo da energia. Com isso, a carga de energia aprisionada em um bloqueio fica disponível para a manifestação do ser essencial. Esse processo de restabelecimento do fluxo da energia é infinito. Sempre podemos ir além. O processo de ampliação da expressão da essência é permanente. Podemos nos aproximar cada vez mais da manifestação da totalidade.

Quanto mais manifestamos luz, mais sombras surgem para serem transmutadas em nós e no planeta. Não é que criamos sombra, mas nos conscientizamos dela. O que sabemos, com certeza, é que, embora esse processo seja infindável, quanto mais nos aproximamos da totalidade, menos dependemos de recursos externos para nosso próprio preenchimento. A cada pequena libertação, mais sentimos alegria e um prazer natural de estarmos vivos. Quanto maior a fluidez, mais vida e mais essência. A energia flui quando trazemos a presença do ser essencial para as relações e para as ações. Por outro lado, a energia se esvai ou se aprisiona quando nos defendemos da vida ou escapamos dela nos encapsulando em atos mecânicos. Estar presente com a essência faz com que a energia flua.

Com o processo civilizatório, o distanciamento entre o ser e a ação foi aumentando. O mecanicismo dos atos rompe o fluxo da energia. Geralmente passamos a maior parte do dia agindo sem consciência. A desconexão entre ser e agir nos leva a um estado permanente de incompletude. Vivemos mais em função do cumprimento de tarefas do que saboreando o cotidiano. Podemos vivenciar os atos do dia a dia como deveres ou como prazerosos propósitos. O dever de cuidar da higiene pessoal diariamente, por exemplo, pode ser uma oportunidade de usufruir de uma saborosa pasta de dente ou de um banho acolhedor. Se arrumarmos a cama de manhã com a intenção amorosa, cuidando do lugar que nos acolherá à noite, com toda a certeza nosso sono será mais reparador e satisfatório. Assim pode ser com tudo: com a limpeza da casa, ao fazer a comida, no desempenho do trabalho, no contato com as pessoas e com qualquer outra ação do cotidiano. Onde quer que coloquemos intenção amorosa, atraímos bem-estar e, portanto, maior é a fluidez da energia. Quando executamos as tarefas diárias com a presença da essência, estas deixam de ser obrigações e passam a trazer sensações confortáveis. A criatividade também só pode brotar quando estamos de fato presentes em nossos atos.

A sociedade identificada com o ego que carrega bandeiras, tais como *time is money*, privilegia o resultado e não o processo. Há uma maior valorização da rapidez, por isso, surgem novos produtos, como *quick massage, fast-food*, etc. Muitas vezes corremos sem saber por que e para quê. Esse padrão já está inscrito no inconsciente coletivo. Na dimensão do ego, tempo é produção; na dimensão da essência, tempo é propósito de vida. Quando fazemos com rapidez, em alguns momentos perdemos a conexão com o propósito. A soma de muitos atos desconexos e esvaziados reforça o afastamento da essência. Podemos comer, mas de fato podemos não receber o alimento, e eis que desconectamos da gratidão de usufruir. Para muitos, o final do dia traz a sensação de fadiga e vazio. Quando nos conectamos com a respiração, naturalmente podemos desacelerar, para viver com mais presença e restabelecer o fluxo da energia.

Nas relações pessoais, quantas vezes estamos com alguém apenas parcialmente? É comum não ouvir o outro com presença, com o coração aberto e com atenção. Em hebraico, "prestar atenção" é *sim lev*, expressão que significa "ponha o coração". Há pessoas que, na ansiedade de tomarem logo a palavra, rompem o fluxo de uma conversa para falarem logo de si ou de qualquer outro assunto, porque ao comunicarem-se podem se abastecer da energia do outro. Estar de fato prestando atenção em alguém, em sua conversa por inteiro, é um ato de respeito e amor e que, muitas vezes, pode ser curador para o outro e preenchedor para si mesmo. Há pessoas que se sentem especiais por fazerem caridade, mas no cotidiano o coração, frequentemente, está fechado para o outro. Estabelecemos diversas relações em nosso cotidiano. Se prestarmos atenção, podemos estar presentes com as pessoas da família, do trabalho e com desconhecidos com quem entramos em contato.

Temos a oportunidade diária de realizarmos um grande serviço ao social, doando atenção do coração. Estar presente é o melhor que podemos fazer por nós mesmos e pelos demais. Muitas vezes, essa presença deve ser silenciosa. Temos a tarefa social de estarmos presentes para que a energia possa fluir em nós e ao nosso redor. Assim, saímos mais preenchidos das relações e é possível que o outro também tenha a mesma oportunidade. Quando estamos presentes com o outro e nas atitudes diárias, sentimo-nos mais vivos. A falta de presença nas ações e nas relações é um padrão fortemente estabelecido na civilização do ego. Percebemos mais o outro quando vamos fazendo a passagem do ego para o coração.

Nas relações de proximidade, nas quais podemos ser quem somos e consequentemente o outro sente segurança para também ser quem ele é, sentimo-nos plenos. Essas relações não têm tempo, nem espaço e são sempre inesquecíveis para a alma. Uma amizade íntegra, em que manifestamos a essência e conseguimos enxergar e valorizar a essência do outro, é um precioso abastecimento. Amigo íntegro é estar com o outro na sombra e na luz, consciente de que os aspectos distorcidos do outro não são a sua totalidade, mas apenas uma proteção para a sua criança frágil. Poder enxergar essa criança e acolhê-la não com maternalismo ou paternalismo, que negam a essência do outro, mas com a presença do ser essencial, é o papel do amigo. A amizade da essência não se prende nas aparências do ego ou no olhar congelado da crítica, mas percebe o valor essencial do outro. Dessa forma, a energia flui abundantemente nesse tipo de relação e ambos saem mais preenchidos após o encontro.

Enfim, precisamos da auto-observação diária para percebermos quando rompemos o fluxo da energia. Este rompimento pode vir por meio de pequenas atitudes: destrutivas, impulsivas, rígidas, distrações, fechamento no contato com o outro, da identificação rígida com partes de si mesmo ou com algum papel, dos medos ou de muitas outras formas. No decorrer do dia, temos várias oportunidades para observarmos quando rompemos o fluxo da energia e restabelecê-lo. Para isso, as principais ferramentas são a observação e a respiração. Quando Jesus dizia "orai e vigiai sem cessar", estava querendo dizer para estarmos constantemente atentos e no canal de luz. "Orai" quer dizer "estar na essência" e consequentemente na unicidade.

Capítulo 6

Percursos do Fluxo de Energia

Não somos seres que existem apenas na dimensão física aparente. Somos seres multidimensionais. Somos formados por camadas que transcendem e ao mesmo tempo penetram o corpo físico. O nível físico é o campo de energia mais densa, isto é, em que a energia vibra em uma velocidade mais lenta em relação aos outros corpos que compõem o campo multidimensional. Este é formado pelos corpos áurico (molde do corpo físico), emocional, mental e espiritual. Podemos dizer que esses são os mais conhecidos, mas já foi comprovada a existência de muitos outros, acima do nível espiritual. A cada camada, a energia torna-se mais sutil, ampliando a conexão com a fonte divina. Um ou mais de um dos nossos corpos sutis estão em contato direto com a fonte. A partir deles, também recebemos orientações e intuições positivas para a vida. O que conhecemos de nós mesmos geralmente se resume a aspectos de nossa personalidade. Esse conhecimento é apenas uma fragmentação. Todos possuem um campo sutil que é sagrado, divino e perfeito. Por meio da meditação e de outras técnicas de ampliação da consciência, podemos atingir níveis mais sutis que habitam em nós mesmos.

Buscando o autoconhecimento profundo, podemos ir reconhecendo e, a partir disso, manifestar em nossa vida aspectos mais sutis do nosso ser. Podemos passar a acessar uma fonte ilimitada de sabedoria existente em nós mesmos. Devemos estar conscientes de que podemos nos conectar com a sabedoria proveniente de outros níveis além do espiritual, como a do corpo físico e a do emocional. A tendência é nos conscientizarmos cada vez mais de nossos corpos sutis. É importante que, além do acesso aos níveis espirituais, também nos conscientizemos dos campos físico e emocional. Sem a consciência e a liberação de bloqueios nesses níveis, a vivência espiritual é efêmera, como expliquei anteriormente, não se sustenta no cotidiano. Não é possível manifestar paz com mágoas e ressentimentos que congelam o coração. Não há evolução espiritual consistente sem transformação nos níveis corporal, emocional e podemos incluir também o mental, pois este se faz necessário para a transmutação de crenças limitantes e fixadoras.

O acesso ao nível espiritual auxilia o indivíduo no processo de transformação. Um dos princípios da Kabalah e da terapia transpessoal é que, conectados com a luz, possibilitamos que ela penetre em camadas mais densas, dissolvendo, assim, os bloqueios. Quanto mais ampliamos a consciência de nossa multidimensionalidade, mais a energia flui livremente em nossos corpos. Saúde é estar em constante processo de conscientização e desbloqueio de todas nossas camadas. A doença, antes de se manifestar no corpo físico, foi criada em uma dessas outras camadas. Assim, a medicina preventiva pressupõe o autoconhecimento multidimensional.

Se pensarmos de modo linear, podemos considerar saúde como ausência de sintomas. Mas, se expandirmos a nossa percepção, reconheceremos que essa é uma visão empobrecida desse conceito. Estamos passando por uma mudança de consciência e saindo da linearidade para uma concepção holográfica da vida. Diante dos novos paradigmas, a saúde deve ser percebida holisticamente. Isto é, não só o corpo físico, mas também o corpo emocional, o mental e o espiritual devem estar em equilíbrio para considerarmos que estamos ou somos saudáveis. Além disso, é apenas uma questão de tempo para que bloqueios nos outros campos cheguem até o corpo físico para serem mais facilmente reconhecidos.

Para a cura completa e profunda de uma doença, é necessária não só a eliminação do sintoma físico, como também um restabelecimento e alinhamento dos outros campos e um reconhecimento e o tratamento da causa original, que pode ser encontrada nos outros níveis. Algumas vezes esse trabalho é feito sem que o paciente tenha consciência dele. Ele começa a realizar transformações internas e externas, que indicam que a cura mais profunda está acontecendo. Podemos observar pessoas que após um enfarto ou um câncer começam a se transformar. Isso porque a mensagem do corpo foi ouvida. Entretanto, há aqueles que curam apenas o sintoma, mas depois de um tempo manifestam outro. Assim, curar apenas no nível sintomático é sempre uma cura parcial. Precisamos compreender que toda manifestação física, da mais leve à mais grave, é sempre um sinal do corpo dizendo que algum padrão precisa ser modificado. Muitas vezes, um resfriado é o corpo dizendo: vamos descansar! É importante restabelecermos a conexão com o corpo físico para ouvirmos o que ele quer dizer antes que adoeça.

A saúde é um estado de alta carga de energia, equilíbrio e alinhamento dos corpos físico, emocional, mental e espiritual. Se a pessoa possui apenas uma alta carga de energia sem equilíbrio, poderá atrair acidentes, brigas, problemas cardíacos, entre outras distorções. Se há pouca carga de energia, a pessoa sentirá cansaço, falta de disposição, será dominada pelo campo de energia alheio e em breve manifestará sintomas físicos. Assim, o estado saudável é possuir uma alta carga de energia com equilíbrio e alinhamento. É claro que o estado de equilíbrio não é estático, mas nossa tarefa é nos mantermos nesse estado por mais tempo possível. O primeiro passo para equilibrarmos o campo emocional é reconhecermos nossas emoções. Para a promoção do equilíbrio mental, precisamos nos desconectar de crenças e percepções que não são mais compatíveis com o nosso ser e, para equilibrar o espiritual, precisamos saber quem somos e viver de acordo com a nossa essência para cumprir os propósitos que assumimos para essa existência. Assim, o pré-requisito básico para mantermos o estado de saúde é o autoconhecimento. Quando vivemos em ressonância com nosso ser essencial, aumentamos a energia vital, liberamos o fluxo energético no campo sutil e nossos quatro corpos vão se alinhando naturalmente.

Há diferentes linhas de filosofia que descrevem a respeito dos caminhos da energia no campo sutil. O trajeto da energia pode ser por meio dos meridianos da acupuntura e do shiatsu, das nadis e dos triângulos, entre outros. A conscientização dos caminhos do fluxo da energia amplia muito o processo de transformação. Escreverei a respeito de três percursos, mas sabemos que existem muitos outros. Três é o número da trindade. Tudo o que forma três possibilita o infinito.

O processo iniciático da Kabalah começa com a percepção da energia proveniente do centro da Terra, que penetra pela sola dos pés, sobe pelas pernas, distribuindo-se por outras partes do corpo. Essa é a energia ascendente. Os exercícios de *grounding* da bioenergética e de enraizamento da Kabalah possibilitam a conscientização desse fluxo de energia. Ela é uma energia mais primitiva, diz respeito à nossa parte animal. Vibra mais no avermelhado e no laranja e nos abastece de energia vital. A consciência e a apropriação dessa energia fazem com que o indivíduo esteja enraizado na Terra. Assim, ele tem segurança em si e na vida. Esse enraizamento pode promover a abertura dos três primeiros triângulos. O primeiro está ligado à realidade física. Quando ele está aberto, temos disposição, vontade de viver, aumento da resistência física e segurança de estarmos vivendo na Terra. O segundo triângulo, quando está em bom funcionamento, nos traz abertura para o prazer na vida, alegria, sensualidade, criatividade e vontade de estar com as pessoas. O terceiro triângulo diz respeito à posição que a pessoa ocupa no Universo. Está associado à manifestação do poder pessoal. Traz a sensação de se ter um lugar e de ser bem recebido.

A expansão da consciência dessa energia básica nos preenche de vitalidade e prazer de viver. Observamos mais seus efeitos nos três primeiros triângulos, mas sabemos que, quando nos conectamos com a energia da Terra, esta vai subindo e desbloqueando os outros centros de energia. O primeiro triângulo em bom funcionamento é a condição básica para a saúde em todos os níveis. O cardíaco não pode permanecer aberto, se temos medo de estar na Terra com as pessoas. O quinto triângulo, da autoexpressão e do propósito profissional, também pode se limitar se houver uma insegurança básica. A intuição ligada ao sexto triângulo pode não ser identificada nem levada em conta em virtude da falta de credibilidade em si mesmo, proveniente da falta de energia na própria base. A espiritualidade do sétimo triângulo é limitada se não pode ser manifestada na Terra. Dessa forma, sem conexão com a Terra e consequentemente sem o fortalecimento do primeiro triângulo, a expressão de todos os outros se torna comprometida.

É comum as pessoas apresentarem resistência em praticar os exercícios de enraizamento. Isso ocorre em razão do medo inconsciente de estar mais presente na realidade física. Há pessoas que concentram mais energia do pescoço para cima. Por causa dessa concentração energética, são mais ligadas ao espiritual ou ao intelectual que ao mundo da matéria. Geralmente a falta de energia na base vem desde o nascimento. Aqueles que nascem de cesariana, por exemplo, não fizeram o movimento de pés e pernas para virem ao mundo. Essa movimentação é profundamente energizante. O bebê que nasce de parto normal já vem com uma forte carga de energia na base. A falta de energia no corpo físico também pode ter sua origem na gestação. Algum acontecimento doloroso para a mãe pode levá-la a passar a mensagem inconsciente para o bebê de que o mundo é um lugar perigoso. Traumas ocorridos na fase pré-pessoal, que vai até os 7 anos, podem levar a pessoa a diminuir a quantidade de energia no corpo. Assim, o ser diminui sua carga energética para estar menos presente na realidade física. É claro, também, que a redução da carga energética tem sua origem em experiências traumáticas vividas em existências anteriores. A gestação, o nascimento ou o trauma de infância apenas reafirmam um padrão já existente. O ser escolhe reviver situações de constrição da energia com a finalidade de transformar esse padrão. Traumas que vão ocorrendo no decorrer da vida, sobretudo nos primeiros meses de existência, contribuem para essa dinâmica.

Mesmo pessoas que possuem alta carga energética podem inconscientemente diminuir a carga nos pés, pernas e ventre, quando ocorre um fato traumático. Isto é muito comum em pessoas que sofreram acidentes. O medo do corpo faz com que tirem parte da carga de energia do físico. Os sinais de que a pessoa está com pouca carga energética são baixa vitalidade, pouca resistência física, respiração encurtada ou acelerada, falta de vontade, distração, afastamento, sensação de não ser visto, medo sem motivo aparente, entre outros. A baixa vitalidade pode provocar depressão ou ansiedade. A origem da depressão está na redução da carga de energia do corpo físico. Na verdade, nesse caso, há o risco da formação de um círculo vicioso, porque uma tristeza profunda também abaixa a carga energética. O sintoma mais aparente do rebaixamento da vitalidade é a respiração encurtada. A respiração é a fonte de vida. Assim, para diminuir o fluxo de vitalidade, o indivíduo inconscientemente reduz a quantidade de oxigênio.

No Gênesis está descrito que Deus soprou e por meio de seu sopro a vida foi criada. Quanto maior a quantidade de ar nos pulmões, permitindo que a musculatura pulmonar atinja até o baixo ventre, maior é a carga de energia. Dessa forma, respirar é o primeiro passo para transpor a depressão. A baixa vitalidade também pode acarretar um tipo de ansiedade. Há também pessoas que possuem alta carga de energia, mas apresentam sintomas de ansiedade que podem ser provenientes de anseios não realizados, medo da perda do ego, medo de fantasias inconscientes da criança interna, entre outros. Entretanto, há um tipo de ansiedade que está ligado ao rebaixamento da carga energética. Quando há pouca energia nos pés e nas pernas, que são a nossa base de sustentação, ocorre uma insegurança de se estar na Terra, desencadeando a formação de um padrão de ansiedade.

Muitas pessoas possuem um medo crônico de viver. Por não encontrarem sustentação em sua própria fonte de energia, buscam apoio em uma fonte externa. O objeto externo, então, passa a ser supervalorizado e pode haver um grande medo de perdê-lo, pois a perda significaria ruir a pseudoestrutura. Esse elemento pode ser um namoro, um(a) filho(a), a mãe ou o pai, o marido ou a esposa, uma amizade, um grupo de amigos, uma quantidade excessiva de dinheiro, drogas, excesso de atividade sexual, um time de futebol ou até mesmo um animal de estimação. Quando esse elemento não pode mais estar presente na vida da pessoa por perda, morte ou separação, é uma grande oportunidade para reencontrar a própria fonte de sustentação e vida em si mesmo. Infelizmente, o que geralmente ocorre é o indivíduo buscar outro objeto externo para esse fim. O inconsciente, muitas vezes, escolhe a separação como uma tentativa de libertação. Na verdade, na vida só temos estes dois caminhos: ou encontramos a fonte de energia, vida e prazer em nós mesmos e buscamos os elementos externos apenas como complemento, ou ficamos presos no eterno círculo da dependência-luto--frustração-nova dependência.

Observamos, portanto, como é fundamental a manutenção de um bom nível de carga energética em nosso campo. Podemos entender que o que provoca a baixa de carga energética na base é o medo, mas é justamente quando lançamos mão dessa dinâmica que aumentamos o medo, por retirarmos o nosso ponto de sustentação. É um paradoxo, porque ficamos sem energia na base por medo da dor que o mundo pode nos causar, mas é justamente quando estamos mais "afrouxados" no processo encarnatório, isto é, mais desvitalizados energeticamente, que corremos mais riscos de acidentes, doenças, rejeições e outras dores. Precisamos caminhar em um processo lento e progressivo convidando o ser para ampliar o processo de encarnação, apropriando-nos cada vez mais do corpo físico.

Quando conseguimos ultrapassar a barreira da resistência, passamos a ter muito mais prazer em sentir o fluxo da energia vital. Nesse padrão vibratório, a alegria de viver é natural e constante. Quando estamos enraizados na Terra e abastecidos de energia vital, temos um prazer natural de estarmos vivos. Assim como uma árvore grande precisa ter fortes raízes, também quanto mais enraizamos, mais expandimos nosso campo energético e ampliamos a manifestação da nossa essência. Para cumprirmos o nosso propósito e expressarmos o ser que somos, precisamos de sustentação. Sem esta, limitamos a possibilidade de expressão por medos conscientes ou inconscientes.

Há pessoas que possuem uma base sólida, mas limitam a sua expressão por não saberem quem são. Por isso, vivem reproduzindo padrões familiares e sociais, além de repressões e julgamentos que podem obstruir a liberdade expressiva do ser. Em contrapartida, há pessoas que são livres e espontâneas, mas possuem pouco enraizamento; assim, podem não sustentar o cumprimento do seu propósito de vida, podendo desistir de projetos que requerem mais tempo, determinação ou investimento de energia. Pessoas assim podem ter inspiração, mas não sustentam a expressão desta na vida prática. É preciso raízes sólidas para nos conhecermos profundamente e para nos expressarmos com poder e liberdade em todas as áreas da vida, assim como precisamos ter amor incondicional por nós mesmos para eliminar as repressões e julgamentos internos e externos que poderiam obstruir a manifestação da nossa presença divina. É necessário retirar os véus que sufocam nossa divindade para podermos expressar amor, poder, sabedoria, criatividade, compaixão e todas as virtudes divinas que nos comprometemos a manifestar antes da encarnação na vida terrena.

O fluxo da energia que sobe pela sola dos pés tem uma qualidade diferente daquele que desce pelo topo da cabeça. A energia descendente é mais sutil. A energia que vem do Universo penetra pelo topo da cabeça, desce pela coluna e vai até o centro da Terra. Quando ela sobe, fazendo o percurso de volta, vem com a qualidade energética da Terra. Trata-se do percurso que descrevi antes. No processo iniciático da Kabalah, desenvolvemos, inicialmente, o fluxo ascendente, para depois ampliarmos a consciência das energias mais sutis. Para maior conexão com a energia que desce pelo topo da cabeça, é necessário estarmos enraizados, de posse da energia de nossa base. Grande parte das linhas de desenvolvimento espiritual está em busca, apenas, da conexão com as energias sutis. A evolução espiritual sem enraizamento é incompleta. Sem base não sustentamos a nossa completa expansão, pois diante das ameaças externas ou dos medos internos podemos conter a nossa expressão. Assim, tanto a energia descendente quanto a ascendente precisam ser igualmente fortalecidas.

Quanto mais ampliamos a consciência da qualidade energética sutil, também vamos tornando o padrão vibratório dos nossos corpos mais sutilizados. A energia do nosso campo acelera. Essa aceleração vai descristalizando estagnações energéticas, possibilitando, consequentemente, maior transformação. À medida que ampliamos o contato com o padrão vibratório mais acelerado, vamos liberando em nós mesmos bloqueios que impedem o acesso e a manifestação das qualidades mais sutis que possuímos, tais como sabedoria, intuição, amor universal, entre outros atributos da essência. O contato com essa energia descendente, que podemos chamar de espiritual, faz com que acessemos conteúdos que estão presentes em nossos corpos mais sutis.

Em níveis mais elevados de consciência, estamos ligados a todas as pessoas e circunstâncias. A capacidade de sentirmos ou saber o que outra pessoa está experienciando está ligada ao acesso às camadas mais sutis de nós mesmos. Estamos ligados a tudo e a todos, pois, em um corpo sutil muito elevado de nossa consciência, estamos na totalidade. Melhor dizendo: somos a totalidade. Somos um holograma vivo, contemos tudo que existe em uma parte de nós. Nesse lugar de nós, não há separação entre o eu e o outro nem entre presente, passado e futuro. Nesse nível, sabemos que tudo é o todo e o todo é tudo. Ao expandirmos essa consciência, é completamente natural manifestarmos sentimentos de compaixão, ações fraternas e amor universal. Nesse grau de consciência, amar o outro como a si mesmo é óbvio. Quanto mais acessamos esses aspectos mais sutis, mais nos preenchemos de amor e plenitude.

Tanto a expansão da consciência da energia ascendente quanto a da energia descendente, à qual podemos nos conectar em exercícios mais sutis ou meditativos, nos conferem alegria de viver. No entanto, o padrão vibratório desses dois fluxos de energia é diferente. A ascendente, proveniente do centro da Terra, produz uma alegria de viver vigorosa, mais afinada com a qualidade energética do planeta Marte em termos astrológicos. Ela também traz força, coragem e vontade. A energia descendente está mais afinada com o planeta Netuno, que traz a inspiração, a leveza e a alegria; ela que vem do amor pelo amor sem ser este necessariamente canalizado para algo externo. Essas duas correntes de energia se encontram trazendo a qualidade do que poderíamos chamar de um terceiro fluxo, cuja vibração podemos associar ao planeta Vênus.

O encontro da energia vigorosa com a energia inspiradora pode promover a abertura do centro cardíaco. Entramos, então, em um terceiro trajeto da energia que percorre o caminho desde o cardíaco até a saída das mãos. A energia venusiana traz a qualidade da vontade de estar com as pessoas, de trocar afetividade, de compreender e de conhecer o outro. Geralmente, as crianças possuem os braços e as mãos vibrantes de energia. Elas possuem a capacidade de manifestar o sentimento proveniente do cardíaco com mais facilidade, apesar de já nascermos com bloqueios nessa vida por causa dos impedimentos que vivenciamos ainda no útero.

Há crianças que já nascem com baixa carga afetiva e assim, por ressonância, podem atrair condições de vida em que são pouco tocadas ou que recebem pouco amor, fatores que acabam reforçando o padrão da falta afetiva. Mais tarde na vida, as experiências de abandono e rejeição cristalizam a crença do desamor. Na verdade, todos nós, em maior ou menor grau, adquirimos na primeira infância bloqueios no cardíaco, que nos levaram a experienciar sentimentos de não sermos bem-vindos ou medo da desaprovação. O medo de não ser amado e aprovado é a válvula propulsora da vida da maior parte das pessoas. O acúmulo excessivo de bens e a busca incessante pela beleza, padrões da civilização egoica, por exemplo, expressam o desejo inconsciente de receber aprovação que, para a criança interna, pode se traduzir como uma forma de amor. O sofrimento que muitas pessoas carregam tem sua origem na busca do amor em fontes irreais. É comum buscar amor onde não será encontrado. Forma-se, assim, um círculo vicioso de falta de amor-idealização-frustração-falta. A única saída é a consciência de que somente em nossos próprios campos de energia encontraremos o real preenchimento. Precisamos de carícias externas como complementação, mas não como nutrição essencial.

Quando canalizamos a energia do nosso cardíaco para nós mesmos, o quarto triângulo se expande. Dessa forma, disponibilizamos de mais energia amorosa para levarmos para as pessoas e para o mundo externo. Quero dizer, quanto mais nos amamos, mais amamos o outro. Assim, por ressonância, atraímos mais amor. Por estarmos em um campo amoroso, recebemos mais afeto, formando-se assim um ciclo afetivo nutridor e inesgotável. Quase todas as pessoas têm a crença, em maior ou menor grau, de que o amor pode acabar. No entanto, quando estabelecemos, de fato, um amor incondicional por nós mesmos, ou seja, se não retiramos o afeto por nós em nenhuma condição, como quando "falhamos" ou quando não atingimos o que idealizamos, então é certeza de que o amor não faltará. Mesmo que o amor não venha da fonte de que gostaríamos, na verdade ele vem de onde estamos precisando.

É frequente o padrão de rejeitar o afeto que está disponível, para persistir na busca dele em fontes escassas. Há muita perda de energia e um reforço do sentimento de falta quando se espera receber de quem não tem disponibilidade para dar, pelo menos naquele momento. Esse comportamento é comum quando não se recebe afeto suficiente de um dos pais. Há, então, a tendência de não reconhecer nem introjetar o afeto daquele que está disposto a dar e paralisar a afetividade, na espera de ser reconhecido e amado por aquele que não consegue amar o suficiente.

Em terapia, o trabalho consiste em levar a pessoa a reconhecer o amor que recebe de um dos pais, incorporá-lo e liberar com compaixão e compreensão a expectativa de receber do pai ou da mãe que não pôde dar o suficiente. Assim, é necessário que a pessoa reconheça que, se um deles não pôde dar mais, é em virtude de suas próprias limitações que foram vivenciadas pora sua própria criança. É necessário, também, que a pessoa enxergue o que recebe com os olhos do eu adulto, não somente da criança. Pois, geralmente, nossa criança interna é insaciável e, se nos identificamos com ela, sempre acharemos que o que foi dado pelos pais e pelo mundo não foi suficiente. É comum, quando a pessoa se engancha nessa dinâmica, projetar a mesma falta nas relações com os amigos, marido, mulher, namorado(a), entre outros relacionamentos. Cristaliza-se, assim, o padrão de que o que o outro dá nunca é suficiente. As queixas passam a reforçar um mecanismo de falta. A carência também repele o outro, enfatizando ainda mais o registro de abandono.

De qualquer forma, após a liberação da raiva e das mágoas, é necessária a passagem para o processo de agradecimento. A gratidão amplia o processo de recebimento. Independentemente de como foram os pais e ainda para aqueles que nem sequer o conheceram, é fundamental para a cura emocional e a libertação espiritual que a pessoa sinta gratidão pelos progenitores. Esse pode ser um longo processo. Mas, se não sentirmos gratidão pelo fato de eles terem nos dado a vida, e só por isso eles já nos deram uma grande dádiva de amor, ficaremos sempre projetando as carências em outras relações. É o perfeito autoboicote para a não realização afetiva: ficar à espera que o outro faça o que os pais não fizeram. Mas quase sempre esse processo é inconsciente.

Essa dinâmica permeia quase todas as relações, em maior ou menor grau. Essa atitude dá origem a sentimentos destrutivos para o relacionamento, tais como, ciúme, possessividade, competitividade, entre outros. Quanto mais nos preenchemos de gratidão pelos pais, pelos amigos, pelo(a) companheiro(a) e pela vida, mais abrimos o canal de recebimento e mais nos preenchemos com o que recebemos. A criança ferida em nós quer ser aprovada, elogiada e amada por todos. É uma "missão impossível", uma armadilha perfeita para a frustração. A saída é romper com a identificação desse aspecto de nós mesmos. Podemos nos realizar afetivamente somente quando nos desidentificamos com a criança ferida e o eu inferior e passamos a nos relacionar com o outro a partir de aspectos mais essenciais de nós mesmos. Se nos relacionamos com o outro a partir da criança ferida, já estamos colocando uma intenção de falta, pois a motivação para o relacionamento já pressupõe uma carência. Assim, encontrar a frustração é consequência garantida. Porém, se não nos fixamos no desejo de receber e nos abrimos para o fluir dos sentimentos e para a troca, recebemos o que necessitamos, e da fonte de que precisamos.

Uma das leis básicas da Kabalah é romper com o desejo de receber só para si, para restaurar o fluxo de dar e receber. Por medo da falta, podemos romper com o fluxo natural da troca, com a intenção de garantir a nossa quota de afeto, mas é justamente nessa atitude que reproduzimos a falta. Com esse padrão, não prejudicamos somente a nós mesmos, mas também o todo que nos cerca, pois quebramos o círculo de troca. Há pessoas que rompem esse ciclo com o comportamento oposto. Diante da dificuldade de receber, que pode estar associada a uma culpa inconsciente ou à retirada de afeto por si mesmo, entre outras possibilidades, a pessoa impede o outro de dar. Essa dinâmica, quando repetida nos relacionamentos íntimos, pode paralisar o outro em uma cristalização egocêntrica. É muito comum observarmos essa complementação em casais, em que um é o doador ou o sacrificado e o outro é o receptor ou o egoísta.

Um dos dois precisa romper esse ciclo. Quando isso acontece, a relação torna-se mais satisfatória para ambos. Se um dos dois for extremamente fixado na criança e não conseguir acessar níveis superiores da alma para sustentar a mudança, então é possível que um deles não permaneça no relacionamento diante da transformação do outro, saindo à procura de outra mãe ou pai, no caso daqueles que querem só receber, ou partir à procura de um filho ou filha, no caso daqueles que não aguentam receber e só conseguem doar na relação.

Para sustentar a realização afetiva, é preciso respeitar o ciclo de troca (dar e receber) nas relações afetivas, familiares, sociais e outras. Na família, é importante a expansão dessa consciência. Há mães e pais que, mesmo com os filhos adultos, mantêm a dinâmica de dar mais do que receber. E há filhos que, por sua vez, percebem os pais como fonte inesgotável de doação incondicional. É preciso que pais e filhos se enxerguem de alma para alma, de ser para ser, indo além dos papéis originais. É preciso que, a partir da infância, o filho seja motivado a olhar os pais como seres que podem dar, mas que também precisam receber. Isso evitaria a formação de pequenos tiranos que, ao crescerem, podem tornar-se fomentadores da injustiça e da falta no coletivo. As crianças mimadas de hoje, possivelmente, tornam-se os tiranos de amanhã. Os pais, por não saberem amar com liberdade, por não terem consciência de que seus filhos não são seus, mas da totalidade, sentem-se culpados ou devedores deles e passam a supercompensar com excesso de doação. Na verdade, tanto a atitude de dar excessivamente aos filhos quanto a de abandoná-los têm sua origem em aspectos mal resolvidos da criança interna dos próprios pais. Geralmente há a tendência de fazer o contrário do que fizeram com eles mesmos. Quanto mais a pessoa se conhece e se transforma, mais livres podem ser seus filhos ou suas criações. Quanto mais nos conhecemos e liberamos nossos bloqueios, mais disponibilizamos afeto para as relações.

Um dos trajetos da energia afetiva passa pelo tórax, ombros, braços até chegar às mãos. Outra possibilidade do caminho energético é sair do cardíaco e passar pela garganta para ser expresso por meio da fala. Nessas regiões, geralmente, há muitas estagnações energéticas. O infarto do miocárdio pode ter sua origem em bloqueios energéticos na área do coração. Desde criança, diante das repreensões, vamos contendo a manifestação do afeto. É comum haver um corte da energia na área do pescoço, separando a mente do corpo e a fala do afeto. Muitas pessoas são desconectadas da vida afetiva e das sensações corporais. A pessoa pode apresentar atitudes mecânicas e ter a sensação de falta de sentido na vida por causa dessa desconexão.

Todos nós temos algumas desconexões, o que nos diferencia são os graus. Quanto maior o trauma, maior a possibilidade de ruptura com a vida afetiva. É preciso levar em conta, também, a sensibilidade e a predisposição do indivíduo que experienciou o trauma. A mesma "circunstância" pode ser mais marcante para uma pessoa que seja sensível que para outra que seja mais defendida dos sentimentos. As pessoas que possuem uma sensibilidade mais aflorada podem ser mais suscetíveis a se traumatizarem que aquelas que tendem a racionalizações. Por outro lado, as pessoas com excesso de racionalidade podem ter desenvolvido esse aspecto como defesa, por já não terem suportado alguma dor. A ruptura com a vida afetiva tem a finalidade de proteção. Porém, ao proteger-se da dor por meio do comportamento de frieza, afastamento ou rigidez, o indivíduo também se protege de todos os outros sentimentos prazerosos como o amor, a alegria, entre outros.

O trabalho terapêutico para quem se encontra na defesa é ir progressivamente experimentando sentimentos e ir ressignificando a crença negativa, substituindo-a por outra, tal como: é seguro poder sentir. Para manter a desconexão com a afetividade, o primeiro mecanismo é a redução respiratória. Assim, o exercício básico para descongelar os sentimentos é respirar conscientemente. Quanto mais oxigênio, mais energia vital e mais vida afetiva. Para aqueles que são excessivamente conectados com a afetividade, muito suscetíveis à energia do outro e pouco racionais, o trabalho terapêutico é aumentar a conexão com o elemento terra. Para isso, o primeiro passo é a prática dos exercícios de enraizamento. Estes possibilitam que a pessoa vá tomando posse de sua estrutura. Os exercícios de enraizamento também são indicados para pessoas que estão desconectadas da vida afetiva, pois, quanto maior é a estruturação, maior é a possibilidade de vivenciar os sentimentos com segurança.

Assim, ser saudável é termos um equilíbrio entre os elementos terra e água. A terra nos dá estrutura e a água nos traz abertura para os sentimentos. É termos base energética nos pés e nas pernas para experienciarmos os sentimentos e a vida com abertura. Dessa forma, não deixamos de viver o bom e, quando a dor surgir, podemos ter estrutura para lidar com qualquer circunstância. Dessa forma, temos a certeza de que o Universo, aliado ao nosso próprio inconsciente, jamais propicia uma carga se não possuímos recursos internos para transformá-la. Essa é uma segurança que temos na generosidade da vida.

Muitos eventos significativos de nossas vidas foram escolhidos não pela nossa personalidade, mas por algum nível de nossa alma, para a nossa transformação e com a certeza interna de que temos a possibilidade de vivenciar o que escolhemos. As dificuldades servem ao propósito de desenvolvermos mais determinadas características. Assim, geralmente elas podem persistir até que o aprendizado tenha sido consolidado. Quando temos estrutura e o coração aberto para a vida, podemos passar por dores; entretanto, utilizando-se dos recursos essenciais, não passamos por sofrimento. Com estrutura e essência, podemos temporariamente estar de posse de alguma dor, sem sermos dominados por ela. A luz da essência e o centramento podem aliviar qualquer dor. Diante desta, são importantes a introspecção, o silêncio e a respiração para nos acolhermos em nossa própria luz. Enfim, de nada adianta congelarmos os sentimentos para evitar a dor. Ao contrário, quanto mais vivemos a afetividade com base e estrutura, mais desenvolvemos recursos internos para lidar com a dor quando ela aparece.

Explanei três possibilidades possíveis para o caminho da energia. Esta segue vários trajetos, mas a conscientização desses três percursos é importante no processo de desenvolvimento pessoal. Assim, temos a energia descendente que desce do Universo pelo topo da cabeça e vai até o centro da Terra. Temos a energia ascendente, que sobe da Terra, passa pela sola dos pés, percorre as pernas, chegando ao ventre e subindo pela coluna até o topo da cabeça. Essas duas podem seguir diversos caminhos dentro do corpo físico e dos campos sutis. Elas se encontram no centro do corpo, na região do ventre, em um ponto chamado *tan dien*, que é o ponto de equilíbrio do corpo físico.

A energia armazenada no *tan dien* nos confere vitalidade, poder, força física e emocional. Quando este centro está fortalecido, temos poder e segurança na vida. Outro caminho da energia é do centro cardíaco para as mãos. Desobstruindo este trajeto, podemos ir desbloqueando parcialmente a afetividade congelada. Essa desobstrução é parcial, pois a liberação da afetividade requer desbloqueio em todas as partes do corpo. É necessária, assim, a transformação da energia estagnada nos três percursos: de cima para baixo, de baixo para cima e da ponta de uma mão para a outra.

Quando a energia ascendente e a descendente fluem sem interrupções ou bloqueios, a pessoa se sente energizada, alinhada, com segurança e centramento. É desafiante sustentar os dois fluxos, para que fluam livremente por todo tempo. Há pessoas com mais bloqueios em um ou outro fluxo. Podemos dizer que nossa tarefa é transformarmos os bloqueios físicos, emocionais, espirituais, restabelecendo os fluxos ascendente, descendente e do cardíaco, para assim sustentarmos a permanência em um estado de alinhamento. Esse processo de restabelecimento dos fluxos de energia requer um trabalho mais profundo de autoconhecimento e liberação de energias bloqueadas, que podem estar no campo energético há milhares de anos. Trata-se de reconhecer e transformar as energias condensadas nos triângulos e no campo multidimensional. Para restabelecer o fluxo, também precisamos de um constante processo de auto-observação, a fim de reconhecermos quando o fluxo está interrompido, para assim colocarmos a intenção consciente de nos alinharmos com a energia terrestre e a celestial.

A energia que vem do centro da Terra e a que vem do Universo, ao penetrarem, respectivamente, pela sola dos pés e pelo topo da cabeça e se depararem com estagnações energéticas nos triângulos, vão perdendo a sua força e passam a subir e a descer com menor quantidade de energia. Por exemplo: bloqueios no primeiro triângulo, tais como, insegurança, medo da vida, baixa vitalidade, entre outros, fazem com que a carga energética que vem do centro da Terra diminua a sua força. Assim, a dispersão de energia vital, que ocorre por causa dos bloqueios no primeiro triângulo, diminui ainda mais a possibilidade de abastecimento energético. À medida que a energia continua subindo, quando encontra interrupções nos outros triângulos, também vai diminuindo mais a sua potencialidade.

Em suma, é importante tomarmos consciência do fluxo da energia nos pés e nas pernas para aumentarmos a vibração e a carga energética nessas regiões. À medida que vamos enraizando, apropriamo-nos do corpo físico. A energia que estava concentrada em outras partes do corpo pode ir fluindo, ocorrendo assim melhor distribuição energética e, consequentemente, maior equilíbrio. Quando a energia está mais concentrada da cabeça para cima, há mais fantasias e pouca concretização. Pés e pernas, enraizados, possibilitam mais realizações na vida prática. É comum também o congelamento da energia no pescoço e nos ombros. Essa atitude está ligada ao controle. O medo causado pela falta de segurança na base faz com que os ombros e a musculatura do pescoço se contraiam, aumentando, assim, a cisão entre corpo e mente. A tensão na lombar também é uma forma de segurar a carga de energia, em virtude de uma instabilidade ou falta de sustentação. A massagem pode auxiliar no processo de liberação da energia bloqueada, mas para que a transformação muscular se sustente posteriormente é necessária, também, a transmutação de crenças inconscientes que sustentam o impedimento no nível físico. A massagem, realizada por um profissional alinhado, é um recurso facilitador para a movimentação energética, podendo acelerar o processo terapêutico.

Quando a pessoa está enraizada, ela pode suportar um aumento da carga de energia ou maior expansão na vida. Assim, pode sustentar uma promoção, um aumento de salário, uma realização afetiva, um dia de prazer, entre outros. Quando não suportamos a expansão ou aumento da energia vital, surge o medo, por causa de uma lembrança inconsciente negativa, geralmente da infância, quando a manifestação afetiva ou prazerosa não foi bem recebida pelo meio, criando uma dor. Dessa forma, podemos lançar mão de autoboicotes para contrair o campo de energia. Quanto maior o enraizamento, maior é a possibilidade de sustentarmos receber amor, prazer, alegria, dinheiro e outras bem-aventuranças. Somente com uma base de sustentação podemos receber mais carga de energia descendente. Podemos ampliar o acesso a camadas mais sutis da consciência, sem nos perdermos em fantasias ou em medos. Para maior abertura do canal espiritual, é necessária uma base sólida para receber essa carga energética. Há pessoas que sofrem surtos psicóticos por não conseguirem sustentar a expansão da luz. A depressão também é uma forma de contrair a energia que se expandiu além dos limites que o ego poderia suportar. Assim, para erguer para o alto, buscando níveis mais elevados e ampliados de consciência, é necessário que as raízes estejam bem estabelecidas no chão.

Para que a energia possa fluir do cardíaco para as mãos e para a garganta, é necessário também que haja segurança na base. O medo de invadir ou ser invadido, o medo de passar vergonha ou de se expor e o medo da entrega são bloqueios afetivos que podem também estar relacionados com uma falta de enraizamento. Quando as raízes estão mais firmes, é possível estar mais inteiro com o outro; se estamos de posse de nosso poder, não entregamos ao outro a possibilidade de nos ferir ou de nos alegrar. O outro pode vir como um complemento importante para a troca afetiva, e nós podemos estabelecer os limites de entrega e proximidade. Para não nos colocarmos nas mãos do outro é necessário termos segurança em nossa própria estrutura. O excesso de controle, a rigidez ou a frieza são comportamentos reativos. Tanto o distanciamento e a indiferença, quanto a idealização e o autoabandono, que podem levar a uma entrega desmedida ao outro, são dois lados de um mesmo bloqueio: a falta de confiança e de sustentação de si mesmo. Assim, para estarmos com o outro e amarmos com liberdade, não nos enredando em armadilhas de controle ou jogos de manipulação, precisamos primeiro de um alicerce para nossa estima. Enraizar e acolher a si mesmo são meios essenciais para preparar o campo do coração, para que a sua energia se amplie com segurança.

Dessa forma, o enraizamento é a base para expandirmos o cardíaco e a espiritualidade. Não é possível sustentar o sentimento de unicidade sem uma individualidade estruturada. Sem amor incondicional por si mesmo, o amor pelo outro pode ser limitado, confundível ou infantilizado. Sem estrutura, a ligação de amor e liberdade com as pessoas é frágil, pois a criança interna, o eu inferior ou o ego podem, em algum momento, tomar as rédeas das relações, desencadeando distorções e conflitos. Quanto mais nos apropriamos da nossa essência, enraizamo-nos e expressamos quem somos, menos contaminados são nossos relacionamentos. A segurança pessoal possibilita que sustentemos sentimentos de amor, compreensão, compaixão e sabedoria. Dessa forma, se ampliamos nossa base de sustentação, estamos contribuindo para a saúde de nossas relações e a do planeta. Precisamos estar firmemente encarnados no corpo físico e transcender para outros níveis de consciência para criarmos novos modelos de manifestação afetiva com base na liberdade e no respeito, colaborando assim para a consolidação da nova civilização do amor e da compaixão.

Capítulo 7

O Fluxo da Ancestralidade

Além do fluxo da energia que sobe da Terra, o que desce do Universo e o que emana do cardíaco, entre muitos outros, também somos portadores de um grande fluxo energético proveniente de nossa ancestralidade. Não recebemos apenas a herança genética, emocional ou material, mas também somos herdeiros da essência de nossos ancestrais. Quando tomamos consciência dessa fonte e ampliamos a conexão com ela, tornamo-nos mais fortes, mais sábios, mais prósperos e recebemos mais abundância em todos os aspectos. A essência de nossos ancestrais está presente em nosso campo de energia. Entretanto, quando por algum motivo, consciente ou não, rompemos esta conexão, tornamo-nos menos receptivos a essa fonte. Podemos conscientemente nos sintonizarmos para receber qualquer qualidade essencial presente em nossa ancestralidade. Não importa se o ancestral é conhecido ou desconhecido, se intencionarmos receber a sabedoria, a prosperidade ou qualquer outro atributo essencial de nosso campo ancestral, ampliamos a consciência para nos conectarmos com essas qualidades que podem estar mais inconscientes em nós.

Toda ancestralidade é abundante em prosperidade, sabedoria, amor, fé, confiança. Basta intencionarmos nos conectar com determinada qualidade de nossos ancestrais para abrirmos um campo e despertarmos as nossas próprias qualidades essenciais. Temos uma vasta riqueza à nossa disposição, porém, se há qualquer ressentimento ou mágoa com algum ancestral, o fluxo de conexão perde parte de sua força, diminuindo a ligação com a essência de nossa ancestralidade. Os conflitos e os confrontos com pais, avós ou até mesmo tios ou irmãos podem diminuir a conexão com a essência ancestral. A questão é que grande parte dos ressentimentos é inconsciente. Assim, conscientes ou não de mágoas com algum membro de nosso campo familiar, podemos intencionar purificar qualquer amarra ou bloqueio com a nossa ancestralidade por meio de rituais ou meditação. Eles servem ao propósito de purificar a sombra do campo familiar e reforçar a conexão com a herança da essência.

Somos herdeiros da luz e da sombra ancestral. Fomos atraídos para o nosso campo familiar porque tínhamos semelhanças de qualidades essenciais e de bloqueios. Dessa forma, podemos nos conscientizar de nossos atributos da essência, que se encontram presentes no campo ancestral, tornando-nos mais fortes, expandidos e abundantes. E precisamos também ficar conscientes de quais bloqueios estamos repetindo. Na verdade, quase todas as nossas limitações, problemas, conflitos e confrontos são repetições de padrões ancestrais. É muito comum, no nível físico, doenças que se repetem; no campo emocional, pais ou avós que sofreram de amor, filhos não realizados afetivamente; no campo material, bisavôs ou tataravôs que perderam tudo e descendentes que repetem a história de perda.

Enfim, fomos atraídos para o contexto com que nos afinamos, com o propósito de irmos mais além. A cada geração, o campo familiar pode cada vez mais transmutar a sombra a fim de aumentar a conexão com a luz. Pois, quando curamos um bloqueio em nós, estamos, por ressonância, contribuindo também para a liberação do ancestral identificado com o mesmo bloqueio e, consequentemente, diminuindo a possibilidade de que filhos, sobrinhos ou crianças que acompanhamos repitam o mesmo emaranhado. Em terapia observamos que, quando o cliente modifica um padrão negativo, alguns membros do campo familiar também começam a se transformar. Podemos perceber naqueles que estão mais abertos, ou mais prontos para modificar determinado aspecto, maior transformação. Há outros que apresentam mudanças mais sutis, talvez não tão perceptivas, mas sempre a mudança de um membro familiar provocará, em maior ou menor grau, transformações na família.

Temos mais dificuldades de perceber a mudança nos familiares. Uma pessoa, fora do círculo familiar, pode reconhecer mais facilmente. Isso porque tendemos a colocar as pessoas da família em posição que complemente com nossos bloqueios. Dessa forma, assim como temos resistência às mudanças, também podemos resistir a enxergar a mudança no outro. Em alguns casos, quando um se transforma, o pai, a mãe, o marido ou a mulher pode até reconhecer a mudança, mas muitas vezes com um tom de reprovação diz: "como você mudou" ou "você não é mais o mesmo". Isso porque a mudança de um membro familiar, algumas vezes, pode ser sentida como uma ameaça. Pois, de fato, a transformação de um desestrutura a ordem estabelecida. É comum o medo ou a sensação de insegurança anteceder a libertação. Geralmente em uma família há aquele que tende a ser o maior desestruturador. Quando a mudança do campo familiar não vem por meio da transformação pessoal de um dos membros, pode vir por intermédio de uma crise. Por exemplo, uma doença ou um acidente ou uma quebra financeira desestruturam o campo familiar para que ele seja reorganizado novamente com mais integridade ou em um padrão vibratório mais elevado.

Enfim, quando nos transformamos, também provocamos mudanças em nossa ancestralidade e em nossos descendentes. Assim como no ambiente de trabalho, nos relacionamentos e à nossa volta. Quando temos conhecimento das histórias de nossa linhagem ancestral, podemos identificar quais padrões negativos estamos reproduzindo e nos empenharmos nessa mudança, pois, quando nos conscientizamos e transformamos um padrão, estamos contribuindo para o Universo, muito mais do que podemos imaginar. É holográfico o que curamos em nós; eis que aliviamos o planeta, o passado e o futuro, embora, no holograma, tempo nem exista. A própria transformação é um grande ato de amor à humanidade. O desejo de salvar o mundo, que quase todos já tiveram em algum momento da vida, é uma manifestação do sentimento de unicidade. Esse anseio pode ser canalizado salvando a nós mesmos.

Se nos comprometermos com nosso propósito de vida de manifestar a nossa luz e transformar a nossa sombra por toda a nossa existência terrena, estaremos com a nossa missão cumprida. Muitas vezes, até querer salvar o outro é uma forma de negar a própria transformação. Pois há aqueles que ficam presos na intenção de mudar o outro onipotentemente, esquecendo ou negando a própria sombra que precisa ser transmutada. No campo familiar, principalmente entre casais, essa dinâmica é muito comum. Se quisermos ajudar uma pessoa da família, a melhor contribuição é a nossa própria transformação, pois por ressonância o outro também se transformará.

Grande parte das estagnações familiares se encontra no padrão cristalizado de um membro ser "o bom" e o outro ser "o ruim", ou um ser o de "sucesso" e o outro o "fracassado", ou um ser o "certinho" e o outro o "louco". É comum encontrarmos dinâmicas complementares, tais como: pai onipotente/filho identificado com o fracasso, mãe identificada com a sedução proveniente do ego/filha embotada afetivamente, irmão poderoso no social/irmão que se sente sem lugar no mundo. Sempre que algum membro da família congela em uma máscara rígida de defesa, algum outro, por compensação necessária para o sistema, pode manifestar outra polaridade. Quando alguém se identifica com o mandato de ser o bom ou o melhor, certamente outro da família, para compensar e manter a homeostase familiar, poderá vestir a máscara do perdedor. Como a maior parte das pessoas está identificada mais com o ego que com a essência, em quase todas as famílias há complementações doentias e a cisão entre bons e ruins.

Mas é importante esclarecer que essas compensações doentias só acontecem quando um dos membros está identificado com aspectos do ego ou do eu inferior. Por exemplo, em uma família saudável, podem existir dois irmãos que sejam poderosos na essência, cada qual ocupando o seu lugar e cumprindo o seu propósito. Entretanto, se a qualidade do poder está distorcida em uma máscara de sucesso ou de superioridade, é provável que outro membro familiar incorpore o papel do fracassado ou do desajustado.

Na passagem para a quarta dimensão, a tendência é que esses falsos mitos caiam por terra, tais como: "veja como o seu pai teve sucesso", "veja como sua mãe é boa", "veja como seu irmão é isto ou aquilo". Qualquer forma de comparação é a armadilha perfeita para a saída da essência e a introjeção do sentimento de fracasso. O melhor que podemos ser é o melhor de nós mesmos. Devemos nos conectar com a essência de nossa ancestralidade, que, na verdade, também é a nossa própria essência. Entretanto, quando buscamos nos identificar com a máscara de algum ancestral, enredamo-nos no congelamento de nossa essência. É comum a identificação com aspectos distorcidos de algum ancestral. Por exemplo, ser tirano como o pai, ser carente como a avó. Podemos nos identificar com a sombra ou com a máscara de algum antepassado. O que muitas vezes também ocorre é seguir o caminho de vida que um deles percorreu, que seria a identificação com o propósito de vida do outro.

Há propósitos de vida que são comuns de geração para geração, mas muitas vezes o descendente não está seguindo o seu próprio propósito, mas repetindo a história de um ancestral. Por exemplo: pai médico, filho médico (pode ser que o propósito de vida seja semelhante e que o filho foi atraído para este campo por ressonância, para facilitar o cumprimento de sua missão). Outra possibilidade é que o filho esteja reproduzindo o caminho do pai por necessidade inconsciente de aceitação, segurança, por querer o amor da mãe, do pai ou por qualquer outra motivação inconsciente.

É comum as pessoas se identificarem com a dinâmica financeira de um dos pais. Quando o pai ou o avô construiu um império financeiro, é comum o filho sentir a cobrança de também ter de ser um grande construtor no campo material. Ele pode passar a vida inteira correndo atrás de dinheiro sem se realizar pessoalmente ou pode desenvolver a dinâmica de ganhar e perder. Inconscientemente ele pode provocar a perda financeira, como forma de despertar a consciência para outro caminho. Outra possibilidade é que o filho negue completamente o mundo material, identificando-se com a escassez como forma reativa à cobrança inconsciente. Precisamos diferenciar o propósito de nossos ancestrais de nosso próprio propósito.

Muitos descendentes de imigrantes, por exemplo, buscam excessivamente o enriquecimento material, muitas vezes desviando-se do seu objetivo essencial de vida, pois se identificam com o propósito de construção material do seu ancestral. Pais, avós ou bisavôs imigrantes tinham como propósito a construção da civilização. Dessa forma, fazia parte do projeto de vida deles o enriquecimento financeiro, por meio da construção de comércios, empresas e indústrias. Os descendentes podem ter como propósito a continuidade do patrimônio construído pela família ou não. Quando um filho de um empresário deseja ser músico ou pintor ou ter qualquer outra profissão mais ligada ao mundo abstrato, é preciso ter muita conexão com a alma e autoestima para seguir a própria essência, muitas vezes contrariando os desejos egoicos dos pais. Quando os pais interferem no objetivo de vida dos filhos, influenciando-os de forma a desviarem-se do seu propósito original, eles não têm consciência de quanto estão prejudicando não só o próprio filho, mas também todo o planeta, uma vez que cada parte fora do seu propósito desarmoniza o todo. A educação, na família e nas escolas, deveria ser voltada para a descoberta da própria essência, para o reconhecimento das qualidades divinas que cada ser carrega para expressar na Terra, a fim de cumprir seus desígnios.

A insatisfação profissional ou a falta de prosperidade pode ser também um sintoma, expressando que não estamos cumprindo a tarefa que nossa alma intencionou realizar na Terra. Podemos estar identificados com um propósito que não é nosso ou podemos estar repetindo alguma distorção do campo ancestral. A insatisfação afetiva ou qualquer forma de sofrimento físico ou emocional é um alerta de que algum emaranhado de nossa ancestralidade está presente; assim, temos a tarefa de nos libertar e, consequentemente, curar parte da sombra da nossa ancestralidade. É importante sabermos que, quando nos identificamos com um bloqueio do campo ancestral, fazemos isso por amor. Eis que repetimos esse bloqueio ou essa dor com o propósito de nos transformarmos para libertar aquele antepassado. Quero dizer, repetimos o bloqueio porque temos ressonância com ele, mas também no nível da alma o fazemos por amor àquele ancestral. Não um amor do campo da personalidade, mas da alma.

A nossa ancestralidade é um fluxo, um apoio que temos à nossa disposição a fim de realizarmos nossos propósitos. Podemos nos conectar com a força e a sabedoria de nossos ancestrais para realizarmos nossas missões. Basta que nos sintonizemos com a essência de nossos antepassados e nos desidentifiquemos dos padrões distorcidos. Precisamos reconhecer que temos nossos objetivos individuais e temos nossos propósitos da ancestralidade. O propósito da ancestralidade pode ser a manifestação na Terra do amor, do poder, da sabedoria, da alegria, de criar prosperidade, curar, ensinar, entre outros. É preciso reconhecer o que a linhagem da mãe e a do pai vieram manifestar. Somos a síntese da essência dessas duas linhagens. Aqueles que são adotados ou criados por outra pessoa que não seja do campo familiar têm um campo a mais para expressar.

Viemos expressar qualidades do campo ancestral com que estamos ressonantes, o que muda é a forma de manifestar essas qualidades de acordo com a mudança dos valores. Por exemplo: expressar força para nossos ancestrais era vencer batalhas, conquistar terras ou lutar por causas religiosas ou políticas. Para esse momento de quarta dimensão, expressar força é, por exemplo, mantermos o nosso centro e a fidelidade a nós mesmos diante dos reveses, das desaprovações e dos desequilíbrios externos. É estarmos inteiros e presentes diante da dor, sem fuga ou sem identificação com o sofrimento. Expressar a integridade na terceira dimensão ou para a geração passada consistia em ser honesto, justo, ético, ter respeito ao outro. Esses valores podem ser inatos ou aprendidos. Aqueles que estão mais ressonantes com o padrão vibratório da quarta dimensão expressam integridade naturalmente. Essa qualidade se diferencia na quarta dimensão, pois ser honesto, justo, ético e ter respeito são atributos que para muitos já estão estabelecidos. Ser íntegro está além dessas qualificações. Integridade é o ser revelar quem é.

Ser íntegro é ser e expressar a essência. E quando somos quem somos, consequentemente reconhecemos o outro e não precisamos de regras de respeito tampouco de punição. Assim, expressar integridade há cem anos é diferente de hoje. Podemos sempre lapidar cada vez mais as qualidades da essência que herdamos de nossos ancestrais. A qualidade do amor, por exemplo, tende a ser expressa de geração em geração cada vez com mais desapego. O amor em seu estado puro é livre. O apego é uma distorção dessa qualidade divina. O querer apegado paralisa o fluxo do outro. O amor, talvez, seja a qualidade que mais apresente distorções. Inclusive, muitas vezes, é por amor distorcido que um dos membros da família se identifica com a dor do outro, mais por simbiose que por anseio de transformação do campo familiar. Como uma forma inconsciente de abreviar o sofrimento do outro, um filho, um neto, um irmão, uma mulher ou qualquer outro membro podem apresentar os mesmos sintomas físicos ou emocionais. Por exemplo: um padrão comum que acontece é quando uma mãe fica viúva. O filho, com a intenção inconsciente de aliviar a sua dor, identifica-se com o seu sofrimento, como uma forma de dividir o pesar.

É frequente a identificação com o sofrimento de algum membro familiar. Podemos nos identificar com algum emaranhado de nosso campo ancestral por amor distorcido. Como se fosse um pedido: "permita que eu divida um pouco esta carga com você". A repetição de um padrão ancestral ou familiar pode ser feita por meio da identificação distorcida do amor ou por intermédio do amor da alma que repete o padrão para a libertação. Ao repetirmos a história de um ancestral, nós o fazemos com a intenção de libertação. Entretanto, não são todos que vão além e transformam a sombra. Muitos repetem os mesmos padrões sem transformar, transmitindo esta carga para outros descendentes.

Enfim, nossa ancestralidade revela grande parte de nossa sombra e de nossa luz. O importante é que, em cada negatividade transformada, aumentamos a luz que estava anteriormente aprisionada na sombra. Podemos, cada vez mais, apropriar-nos das qualidades divinas ancestrais de que somos herdeiros. A reverência e a gratidão a nossos antepassados aumentam a nossa conexão com a sua luz. Quando rompemos o fluxo afetivo com algum ancestral, também rompemos com parte de nossa herança de luz. Somos herdeiros de muitos ancestrais, desde o primeiro ancestral, quanto temos de herança! Se voltarmos até o primeiro ancestral, encontraremos um ponto em comum. Podemos ter ascendentes indígenas, portugueses, orientais, árabes, entre outros, mas, se voltarmos até nosso primeiro ancestral, todos teremos uma descendência comum. Encontramos a unicidade. A volta à nossa primeira origem revela que somos todos um.

Honrar pai e mãe, o quarto mandamento cristão, no sentido mais profundo é cumprir o propósito da essência herdado pelo campo familiar. Cumprir o propósito que determinamos pela manifestação da essência da linhagem de nosso pai e de nossa mãe é honrar e respeitar o destino divino que a nossa família tem na Terra. A melhor forma para sabermos se estamos cumprindo o nosso propósito é percebermos se estamos realizados e plenos com o que fazemos. Na terceira dimensão, honrar o nome da família era ser bem-sucedido economicamente para os homens e, para as mulheres, era realizar um bom casamento. Na quarta dimensão, honrar o nome da família é ser feliz, realizando os anseios da essência, que, muitas vezes, podem ser contrários aos mandamentos familiares. Mandatos que nada têm a ver com a riqueza da essência ancestral. *Status* está longe de ser o propósito divino de uma linhagem familiar na Terra. Não precisamos de posição na sociedade, mas, sim, ocuparmos o nosso lugar no Universo. Só podemos fazer isso sendo quem somos.

Capítulo 8

Quando o Medo da Falta Rompe o Fluxo da Energia

O medo da falta é o catalisador da maior parte dos problemas e bloqueios que permeiam a civilização hoje e em todos os tempos. A raiz de muitos desequilíbrios no plano individual e coletivo encontra-se neste padrão. A ilusão da não percepção do abastecimento já existente, afetivo ou material, pode levar pessoas e sociedades a buscas desenfreadas que, muitas vezes, implicam a intenção de tirar do outro não por necessidade, mas como prevenção. As guerras originam-se na busca de um país por mais recursos, poder e riqueza. As desigualdades sociais estão associadas a privilégios pelos quais alguns, por medo, se armam para serem mais especiais que outros. Os conflitos relacionais também brotam do medo da falta de amor, que pode acionar rejeição, ciúme, traição, desconfiança; ou da falta de estima que traz inveja, competição, dúvida, entre outros sentimentos. Pela percepção consciente de nós mesmos, podemos identificar em quais áreas, com quais relações, em quais circunstâncias estamos sendo preenchidos, mas nossa criança interna, ferida e insatisfeita, continua enxergando com a lente da falta. Na maior parte das circunstâncias, não é a falta que leva à dor, mas a sua antecipação, o medo da escassez. Quantas vezes encobrimos nossa capacidade de amar por medo de não sermos correspondidos? Quantas vezes buscamos mais recursos, não para usufruí-los, mas com um fim preventivo?

Os desequilíbrios que ocorreram nas civilizações passadas e ocorrem na atual têm parte da sua origem nas distorções ligadas ao medo da falta. O medo de faltar amor, dinheiro, estima ou qualquer outra forma de carência nos leva a restringirmos a expansão de nossas qualidades essenciais e provocarmos distorções nas relações e no social. O medo da falta, que se origina na identificação com a criança insaciável ou nas distorções da vaidade do ego, fortifica o padrão de sermos reféns, o que aprisiona a essência. A falta de uma estima genuína por si mesma fortalece as identificações com aspectos parciais da personalidade, afastando a percepção da própria totalidade. É muito comum o indivíduo ficar identificado com o papel profissional. Por exemplo, continuar se sentindo o médico, o psicólogo fora do consultório. Identificar-se com um papel é continuar na vibração daquele papel, mesmo que não esteja em atuação. Há muitas mulheres identificadas com o papel de esposa, namorada. Investem muito nesses papéis, disponibilizando menos quantidade de energia para suas realizações profissionais ou pessoais. Há também muitas mulheres que, ao engravidar, se identificam com o papel de mãe, comprometendo o vínculo íntimo com o companheiro.

Uma identificação comum nesse final de terceira dimensão é com o poder distorcido. Um reflexo disso é a pessoa defender-se com uma máscara, competindo, aparecendo com o que ela acredita que é valorizado, jogando nos relacionamentos e separando-se do outro. O reconhecimento parcial de si mesmo alimenta a sensação de falta, muitas vezes inconsciente. Podemos resumir este ciclo da seguinte forma: falta de amor por si mesmo-identificações com aspectos parciais do eu-sensação de falta.

Quando não há autoestima em razão de em dado momento termos retirado o amor por nós mesmos, podemos ou nos defender dos outros, fechando-nos para não nos ferirmos, ou nos decepcionar constantemente ao esperar das pessoas o inatingível, exigido pela nossa criança interna. Dessa forma, para estarmos com os outros e aceitar como cada um é, precisamos ter a garantia do nosso amor-próprio e da apreciação incondicional por nós mesmos, para amenizar a ilusão da busca da valorização que vem do externo. Por mais que sejamos apreciados pelos demais, se não tivermos o alicerce de nossa própria aprovação incondicional, não nos preenchemos com a valorização que vem do outro, pois a parte nossa que não acredita logo nos esvazia. Se não há base interna, não ficamos com o positivo que vem de fora. Nesse padrão, por mais que se receba amor ou valorização, nunca é suficiente. O principal sintoma da falta de amor por si mesmo é a desconfiança.

Quando estamos em ressonância com a essência, a confiança é natural, porque tendemos a estar em conexão com o ser essencial do outro, e não com sua criança internalizada, que não é confiável, ou com a sua sombra ou seu ego. Se estamos identificados com o eu inferior, ligamo-nos a esta parte do outro. Se estamos identificados com o ego, atraímos relações artificiais e mascaradas, e se a nossa identificação é com a criança, atraímos relações codependentes. Todas essas formas de relacionamento abrem possibilidades para a decepção com o outro. Entretanto, a responsabilidade da frustração é totalmente de quem não estava ressoando com a própria essência. Quanto mais permanecemos assentados no ser essencial, maior é a confiança e maior é a abertura do coração. Portanto, mais percebemos o outro e podemos vivenciar a unicidade e a ligação com o tudo e com o todo, porque nos conectamos com sua essência e não com suas partes distorcidas.

Podemos pensar que o medo da falta tem sua origem entre o 15º ou o 17º dia de gestação. Antes desse período, o feto não possui codificação genética. No momento em que encarnamos, dispara a carga genética. Sofremos nesse instante a grande separação. Não estamos mais na fonte, embora sejamos a fonte. No entanto, perdemos essa consciência. A inconsciência de que somos a fonte de luz e a divindade pode nos levar a buscar incessantemente algo que nos falta, sem saber o quê. Muitas vezes é a saudade de nós mesmos em um nível mais profundo. Os momentos que relembramos que somos luz são de plenitude e nos abastecem. Esses relâmpagos de consciência são o combustível necessário para continuarmos a jornada com esperança. Quando deixamos de buscar a luz, abre-se a porta certa para a depressão e o vazio, pois nos afastamos do sentido da existência. Em algum momento, podemos atingir um padrão elevado de vibração energética e assim não precisarmos de momentos luminosos como combustível.

À medida que vamos expandindo a consciência e nos reconectando com campos sutis da sabedoria, passamos a ter mais clareza de que somos a divindade. Essa lembrança é um dos principais antídotos contra o medo da falta. Se somos deuses, somos infinitamente providos e, quando despertamos a consciência para o fato de que somos um, com o tudo e com todos, naturalmente nos importamos com o outro. Ou seja, se sou a divindade e todos também são, então tenho tudo de que necessito e não busco a parte a mais que é do outro.

Em suma, é nosso direito divino termos relacionamentos harmoniosos de amor e respeito, ter um trabalho por meio do qual possamos expressar as qualidades da essência e receber retorno financeiro para fazer tudo que é importante para o nosso ser essencial. Ter prazer e abundância é o que naturalmente merecermos. Se a provisão não está acontecendo, precisamos relembrar nosso inconsciente, nossas células de que somos a totalidade. Quando nos desbloqueamos para receber, podemos perceber que o Universo é abundante e concede até mais um pouco do que aparentemente precisamos. É imprescindível que antes de buscar a cota a mais, observemos carinhosamente a nossa vida para reconhecermos em quais áreas a provisão já está acontecendo. Ocorre um desequilíbrio em nós mesmos e no todo quando buscamos a mais sem reconhecer o que já existe.

É um aparente paradoxo: ao mesmo tempo que podemos sempre ter mais alegria, mais amor, mais prazer, também precisamos reconhecer a manifestação destas qualidades já presentes em nossa vida. Precisamos ter consciência das nossas necessidades, do nosso merecimento e tomar atitudes para recebermos e ao mesmo tempo entregar, abrir mão das expectativas de recepção. Buscar, mas também permitir que o Universo possa trazer. Deixar também a "cota adicional" por conta do todo.

Na peregrinação de Moisés pelo deserto, quando Deus mandava o maná para nutrir o povo, enviava a cada dia a quantidade necessária. Se fosse guardado para o outro dia, apodrecia. Ainda que fosse um alimento espiritual, a mensagem é de confiança no Universo. Precisamos despertar a consciência para a confiança em nós mesmos, nas pessoas e no Universo. Podemos ter o que precisamos, ninguém tira o que é nosso, quando estamos assentados em nossa base. E o cosmos provê diariamente. Se perdemos ou deixamos de receber, pode ser que foi porque era melhor para a composição do todo. Portanto, foi necessário para nós mesmos. Para essa compreensão, precisamos enxergar os acontecimentos com os olhos da alma, não da frágil personalidade. Não há nada que possa destruir, ferir ou roubar a beleza da vida. Tudo que temos no momento presente é tudo o que nossa consciência alcança. Por isso, cada um vive da melhor maneira possível que consegue viver, de acordo com a expansão da própria consciência.

Quando infringimos a lei básica de compartilhar, que é uma das mais importantes para a Kabalah, para permanecermos no padrão de recebermos somente para nós mesmos, abrimos a porta para os desajustes. O ciclo de prosperidade e abundância individual e coletivo se rompe quando se quer ter mais do que é necessário e quando se contém o recebido por medo da perda. Aquilo que movimenta cria mais força e o que investimos no Universo retorna em abundância. O dinheiro, por exemplo, que é fonte de grandes desajustes, se for guardado, deve ser para algum objetivo. O propósito financeiro é servir para o abastecimento do ser, suprindo o que é necessário para cada um. Desse modo, ele serve à luz. Porém, se este é retido por medo, necessidade de segurança ou por vaidade do ego, estamos impedindo que ele cumpra seu objetivo, criando assim uma desarmonia com a lei da natureza e impedindo que o todo se beneficie.

Quanto mais investimos a energia financeira no Universo, adquirindo o que é necessário para o nosso bem-estar, para o nosso desenvolvimento pessoal com sabedoria e desprendimento, mais nos preenchemos. Façamos uma analogia com o sangue. Quando se doa sangue, a sua medula começa a produzir mais, porque as células já foram informadas de que, se há doação, é necessário que haja maior produção. Assim é com o financeiro: quanto mais investimos no Universo, comprando o que o nosso ser necessita, mais a matéria se multiplica. Por outro lado, quando compramos o que não precisamos por compulsão, por vaidade egoica, por falta de conexão com a essência ou para obter uma pseudossegurança, esvaziamo-nos. É importante não deixarmos a energia da matéria estagnada. Se algo em nossa casa não tem mais utilidade, podemos encaminhar para outra pessoa. Assim, a matéria cumprirá o seu propósito. Roupas precisam cumprir o propósito de vestir, enfeite serve para enfeitar. Assim, tudo que existe precisa uma finalidade. Quando somos cercados por matérias que cumprem o propósito, preenchemo-nos com mais energia e, além disso, somos responsáveis para fazer com que aquilo que nos cerca cumpra o seu destino; portanto, se um enfeite, por exemplo, não nos provoca admiração, podemos passá-lo para alguém que irá enxergar a sua beleza.

Quanto mais a conexão com a essência se torna consciente, mais buscamos o que de fato tem ressonância com nós mesmos, não provocando desperdícios ou descompensações. Assim, o reconhecimento de si mesmo também é ferramenta básica para a sustentação da prosperidade individual e coletiva. Há muitas crenças sociais que intencionam abafar a expressão do ser e, consequentemente, obstruem a plena satisfação e até mesmo a prosperidade. A culpa está na raiz de nossa formação cultural, que obstrui o canal de recepção da maior parte das pessoas. A culpa está na base de muitas falsas crenças, que restringem o estado de abundância e plenitude. Há muitas falsas crenças a respeito do financeiro; por exemplo, uma com a qual muitos se identificam é: para ganhar dinheiro é necessário trabalhar duramente. O esforço, ou seja, a força extra, salvo em momentos em que é realmente necessário, é contrário à leveza e à fluidez que, aliadas ao poder pessoal e com a determinação, podem promover a prosperidade. O esforço é uma distorção da qualidade da determinação. Quanto mais expressamos quem somos, menos precisamos nos esforçar. O empenho vem da essência, enquanto, muitas vezes, o esforço vem do ego.

Então, podemos ter a certeza de que, se estamos conectados com a essência, por atração magnética, tudo o que é complementação para nosso ser essencial chega até nós como mágica. Isso pressupõe que haja construção e empenho, mas não esforço. Este é incompatível com o prazer. Se manifestarmos o comportamento de fazer força além de nossos limites, rompendo com o fluxo prazeroso em alguma área de nossas vidas, é porque ou estamos no caminho inadequado para a nossa essência ou então não estamos seguindo o fluxo. Quando me refiro à mágica, não estou pressupondo ilusão, mas quero dizer que, quando sabemos o que queremos a partir da essência e nos empenhamos, o Universo traz exatamente o que precisamos e no momento adequado para nós e para o todo.

Quando trabalhamos com o que é ressonante com o nosso ser essencial, o trabalho é leve e fluido. Prazer atrai prazer. Quando o trabalho é realizado com bem-estar, atraímos ganho financeiro para atrair mais bem-estar. O que manifestamos em uma área da vida, provavelmente iremos manifestar em outras. Se o trabalho é sofrido, como podemos manifestar bem-estar em outras áreas? Ainda que o trabalho presente não seja o máximo da realização para o indivíduo, conectando com o que há de prazer no trabalho, ele pode abrir um campo para outras realizações que poderão conduzi-lo para a realização profissional. Quando há leveza e fluidez, é possível que a criatividade se manifeste. Sabemos que, no mercado de trabalho atual, o que é mais valorizado é a criatividade, a empatia relacional, a facilidade de comunicação, o equilíbrio emocional, entre outros atributos. Estes podem se manifestar quando há fluidez. Para muitas profissões, a competência está mais na fluidez que no acúmulo de conhecimentos.

A autoestima e o consequente sentimento de merecimento facilitam a atração positiva. Quando gostamos incondicionalmente de nós mesmos, certamente atraímos o melhor para a nossa essência. Quando fazemos aliança conosco, reconhecemos nosso merecimento e assim abrimos nosso canal de recepção, tornando-nos atratores positivos. Precisamos estar conscientes de que o Universo é uma fonte de abundância. Nossa tarefa é apenas abrir o canal para receber. O ciclo de escassez inicia-se com a falta de amor por si que se conecta com um sentimento de não merecimento, que por sua vez pode criar o medo da falta. De acordo com o padrão cultural, o natural é viver a falta, mas, em termos de natureza divina, o óbvio é que, quando somos e manifestamos quem somos, nos apropriamos da prosperidade em todas as áreas da vida. A cultura reforça a falta de muitas formas, inclusive em ditos populares que se sustentam de geração em geração. Por exemplo: "quem ri muito em um dia chora no outro", "não dá para ser feliz em tudo", entre outros. É absolutamente comum o alarme do medo disparar quando a pessoa recebe o que precisa, como amor, uma promoção profissional ou financeira. Isso pode acontecer não só por causa do temor da perda, como também pode ser disparada uma forte ansiedade causada pelo aumento da carga energética.

Quando recebemos mais amor, mais dinheiro ou qualquer outra forma de abundância, há um aumento da quantidade de prazer e energia em nosso campo. A alteração do padrão energético pode causar a ansiedade. Essa descompensação pode ocorrer quando há falta de sustentação na base de enraizamento. Quando houve furos na construção da segurança, na fase uterina ou nos primeiros meses de vida, o adulto pode não suportar a expansão.

O medo inconsciente do aumento da carga energética sustenta o padrão de apego à falta. A origem do medo do prazer e da expansão encontra-se também na infância, quando a criança manifestou sua carga, mas esta não foi bem recebida pelo ambiente. Assim, ela recolhe a energia e passa a ir diminuindo seu potencial de vida e de prazer. Por exemplo: se a criança manifesta o afeto e recebe rejeição, ou se mostra algum feito e não encontra atenção, mesmo que os pais verbalmente possam aprovar o que a criança fez ou até mesmo elogiar; se eles não estão presentes com sua energia, disposição e coração, ela pode sentir este campo fechado. Esse fechamento pode causar uma dor na criança, que a leva a restringir a sua carga energética. Ela absorve muito mais suas experiências sensoriais que os registros vindos do meio externo pelas palavras. De nada adiantam um elogio e palavras de amor a uma criança se não existe a presença do ser com carga afetiva. Se esses atos são feitos mecanicamente, sem conexão com o cardíaco, a criança não os registra.

A nossa cultura incentiva mais os atos mecânicos que a conexão com o cardíaco, diminuindo cada vez mais o fluxo do prazer. A criança, muitas vezes, encontra o prazer com facilidade (o prazer de comer, andar, de sentir seus movimentos corporais). À medida que vamos crescendo em tamanho, é provável que a carga de energia se restrinja. Entretanto, quando restabelecemos o padrão de viver com prazer e vitalidade, mesmo que deixemos de receber de uma fonte, obtemos de outra.

Diminuímos a carga energética para nos proteger. Esta atitude pode promover uma pseudossegurança, mas nessa diminuição nos afastamos da plenitude. A depressão é uma forma de ir diminuindo aos poucos a carga de energia. A síndrome do pânico é uma forma de romper o fluxo mais abruptamente. Há pessoas que manifestam sintomas de pânico quando estão próximas de se preencher de amor ou de obter uma realização profissional ou material. É como se fosse a criança interna gritando: "pare, porque não vamos aguentar". Brigas e surtos que antecedem grandes realizações podem estar associados ao medo inconsciente do aumento do fluxo energético. É comum, para quem não suporta o aumento do fluxo de energia, provocar uma briga ou um afastamento diante da percepção da realização amorosa ou antes do casamento ou após uma noite de amor.

Isto é, a pessoa, por temer o aumento do fluxo do cardíaco, pode provocar desentendimentos ou rupturas por não sustentar o estado pleno de amor. Para transformar esse padrão, é necessário conscientizar-se e curar a criança ferida, que não encontrou em alguns momentos da sua história receptividade no ambiente para a expressão do seu afeto. Liberando os bloqueios emocionais, o indivíduo pode ir experimentando uma nova crença: a de que amar, prosperar, realizar-se pode ser seguro. Essa segurança pode nos fazer sustentar o prazer.

A cultura reforça a ruptura com o prazer real de diversas formas. A ditadura da beleza para as mulheres e a do poder econômico para os homens promovem a conexão com a falta. O referencial de *status* e de poder econômico do social é inatingível para a maior parte dos homens, assim como o ideal social de beleza é incompatível com a estrutura corporal da maioria das mulheres. Aqueles que aderem a esses mandatos estão condenados à insatisfação crônica. Muitas pessoas, ao se alimentar, rompem com o fluxo do prazer por estarem reféns do ideal social. Comer com medo de engordar faz com que a pessoa não se abasteça emocionalmente com a energia do prazer, permanecendo na sensação de falta. Esta, por sua vez, leva a pessoa a buscar mais comida. Estabelece-se, assim, um ciclo de insatisfação. É por isso que raramente pessoas que se preocupam excessivamente com as calorias conseguem emagrecer. Além disso, mesmo que não compensem o vazio com a busca de mais comida, a compensação de ter o corpo magro não é maior que a satisfação de ter a liberdade de usufruir o prazer. Dificilmente uma pessoa que sente o sabor da comida terá excesso de peso, pois, quando existe prazer real, não é necessário exceder-se. Muitas vezes, pessoas que sempre fazem regime estão refletindo um bloqueio de não sustentação do aumento da energia e prazer na vida.

Não somente para a alimentação, mas as descompensações e os desequilíbrios também sempre têm a sua origem em alguma falta. Quando nos apropriamos da nossa própria energia, podemos suprir nossas necessidades reais. Quanto maior a conexão com o ser essencial, maior a sensação de suprimento. E só atingimos este estado ao nos abastecermos de nossa própria energia. Quando isso não acontece e ficamos com o campo energético enfraquecido, a defesa natural é a busca do suprimento por meio do campo de outro. Muitas relações são embasadas em jogos de poder, que intencionam de forma inconsciente a retirada de parte da energia do outro. Por temer o aumento do próprio fluxo, o indivíduo pode buscar alimentar-se do campo energético de alguém ou de algo. Esta dinâmica, aliada ao medo da falta, dá origem à maior parte das descompensações. A vitimização, a tirania, a manipulação, a reclamação, entre outras manifestações, são tentativas de apropriação da energia do outro.

À medida que vamos experimentando mais prazer e amor em nossas vidas, temos a possibilidade de ressignificar o aumento da energia, substituindo aos poucos a crença de que manifestar o prazer e o afeto pode ser doloroso. Portanto, quanto mais experiências de prazer real, mais energia vital e consequentemente mais possibilidades de realizações na vida. As realizações essenciais nos desconectam da competitividade e da inveja que nos separam do outro. O ser da quarta dimensão é responsável por sua própria realização.

Capítulo 9

O Acolhimento da Essência Dissolve o Medo

O medo tem a finalidade básica de nos proteger. É a primeira emoção que sentimos ainda no útero. Em algum nível da consciência, quando o ser sente que está separado da fonte, aciona seu instinto de proteção. O medo surge naturalmente com o intuito de preservação. É claro que em estado embrionário não temos consciência de que somos um ser individual na Terra, mas em algum nível temos alguma sensação que nos desperta o anseio inconsciente de autoproteção. O medo é a primeira emoção que sentimos e, algumas vezes, também pode ser a última. De qualquer forma, ele nos acompanha por toda a nossa existência. A questão é diferenciarmos o medo aliado, que surge para nos cuidarmos ou para nos impulsionar para a construção, do medo fantasmagórico. Este é o medo irreal ou desproporcional ao fato em si, e que faz parceria com o drama. Não é o nosso eu adulto que o sente, mas a nossa criança interna.

Quando crianças, sentíamos medo e não tínhamos o crivo da razão suficientemente estabelecido para avaliar ou reconhecer o que desencadeou o medo. Se a criança vê uma sombra, pode enxergar um fantasma. Uma pequena ausência de um dos pais pode ser sentida como o mais completo abandono. Uma pequena desatenção pode ser registrada com o mais profundo desvalor. Os melindres e os dramas do eu adulto podem ter sua origem em fixações nessa fase emocional-fantasmagórica da criança. É como se essa parte internalizada da criança se sobrepusesse ao olhar do eu adulto racional, portanto, algumas situações são enxergadas distorcidamente.

Assim, esses núcleos amedrontados da criança, que se enraízam em nosso inconsciente, podem ser ativados em alguns momentos. Há pessoas que estão muito identificadas com o medo da criança e passam a construir toda sua vida para se protegerem de algo inexistente. Dessa forma, a energia vital, que deveria ser direcionada para as realizações pessoais e consequentemente para o cumprimento de seus propósitos de vida, é dissipada em ilusões de pseudoproteção. O fato é que todos nós, em maior ou menor grau, perdemos parte de nossa energia nos defendendo de medos fantasmagóricos. O medo da rejeição ou do abandono, por exemplo, na maior parte das vezes é irreal. E mesmo que sejamos de fato rejeitados ou abandonados, depende da nossa capacidade de autoamor permanecer ou não no sofrimento. O fato é que depositar o acolhimento de nossa criança nas mãos de outro tira a nossa energia. Então, temos a possibilidade de nos trazer de volta para nós mesmos. E quase sempre a dor do abandono é muito menor que o medo sentido ou imaginado antecipadamente. O sofrimento ou a paralisação resultante do medo imaginário é geralmente mais profundo que a própria situação dolorosa.

Se fizermos uma retrospectiva de nossa vida, iremos constatar, certamente, que a maior parte de nossos temores nunca se concretizou. E se o que tememos acontece é porque temos recursos internos para resolver ou, se somos impotentes para solucionar, temos riqueza interna suficiente para nos acolher e superar. O medo fantasmagórico é nosso maior algoz. Ficamos paralisados diante dele, pois é a nossa parte criança que o sente, não nosso eu adulto consciente de seu universo de possibilidades.

O medo da falta financeira, por exemplo, pode ser sentido como aquela mamadeira que demorou a chegar e tivemos a sensação de que iríamos ser aniquilados pela fome, pois não tínhamos consciência de que seriam necessários apenas alguns instantes para que a mãe ou outro cuidador chegasse para nos suprir. A falta do dinheiro pode reavivar a falta do leite. E quando temos a sensação de que aquela dor ou aquela falta jamais irá terminar é porque, em algum nível, podemos estar identificados com o bebê ou com a criança que não tinha consciência temporal. O medo inconsciente da dor interminável aumenta a dor.

Por meio da psicoterapia transpessoal ou de algum outro processo de transformação pessoal, podemos, progressivamente, desidentificar-nos de medos fantasmagóricos. Essa é a verdadeira liberdade: enxergar a vida real sem os emaranhados dos medos imaginários. De qualquer forma, em maior ou em menor grau sempre, em algum momento, nos deparamos com algum alarme de nossa criança. Porém, com consciência, podemos transformar cada vez mais os medos ilusórios em acolhimento à nossa fragilidade. Quando éramos crianças e sentíamos medo, poderíamos ser acolhidos pela mãe, pelo pai ou por algum outro cuidador.

Agora, presentes no corpo adulto, só quem pode, de fato, acolher-nos é nosso próprio eu acolhedor (nosso pai e mãe internalizados). Mas dificilmente temos essa consciência. Alguns autossuficientes pensam que se acolhem, mas na verdade se defendem, ao se separar dos outros ou da vida. A reserva não nos acolhe, ao contrário, apenas intensifica no inconsciente o abandono da criança interna. A maior parte das pessoas transfere a responsabilidade do próprio acolhimento para alguém ou algo, tal como um vício, um time, um montante de dinheiro, uma causa...

Temos duas possibilidades: o autoacolhimento ou a codependência. Se não nos acolhemos, sempre nos tornamos reféns de algo externo. E toda codependência ativa medos fantasmagóricos, assim como os medos não elaborados podem conduzir à codependência. A aliança doentia, com um pacto de fidelidade distorcida feito com um protetor externo imaginário e idealizado, torna-nos reféns, pois neste estado o medo crônico da perda está subjacente no inconsciente. É uma grande armadilha; fazemos codependência para amenizarmos os medos inconscientes e, nessa forma de relacionamento, acabamos por criar o medo da separação do provedor ilusório. Muitas vezes, para amenizarmos o medo do abandono proveniente da criança interna, criamos situações em que ficamos reféns de um novo medo. No fim, há apenas uma troca de medos. A possibilidade da perda do pseudonutridor pode ser sentida como a perda do próprio eu.

Somente a partir da nossa própria essência é que podemos nos acolher, direcionando amor incondicional por nós mesmos. E, à medida que nos acolhemos com a nossa própria essência, vamos dissolvendo medos fantasmagóricos inconscientes. Acolher com a própria essência é reconhecer uma mãe nutridora interna, que em situações de perda, de desamparo ou de medo nos acolhe. Independentemente de como absorvemos a nossa mãe real, podemos recriá-la mais positivamente dentro de nós. Se temos uma mãe internalizada que diante da dor nos abandona, critica-nos ou nos ameaça, então precisamos acolhê-la, juntamente com a criança assustada, reconhecê-la e direcionar essa energia. Por exemplo, por trás do tirano interior, há uma energia de poder que precisa ser canalizada para fins construtivos. Podemos, também, desenvolver um pai interno que nos apoia e nos transmite segurança incondicional, independentemente do aparente caos que possa se apresentar.

É um treinamento reconstruirmos uma mãe amorosa e um pai apoiador dentro de nós. De qualquer forma, talvez o primeiro passo seja liberar os pais reais de qualquer dívida, compreender e perdoar as faltas, que foram necessárias para os nossos propósitos. Para a nossa libertação, precisamos nos conscientizar de todos os pais substitutos que elegemos em pessoas, objetos e situações para liberarmos a dependência e ficarmos com o apreço ou com o amor. Quando nos liberamos dos vínculos, das expectativas infantis, então o amor pode emergir em seu estado puro. Quanto menor é a identificação com o eu criança, maior é a nossa capacidade de amar.

Quando nos acolhemos a partir da essência, conectamo-nos com quem somos e podemos perceber o mundo mais pela realidade que pelas distorções emocionais. Dessa forma, aumentamos a religação com as pessoas, expandindo nosso sentimento de unicidade. É por essa razão que a Kabalah, em sua origem profunda, trabalha não só o nível espiritual, mas também o emocional. Não sustentamos a unicidade se caímos com frequência em padrões que nos separam dos outros. Se minha criança interna não está se sentindo ameaçada pelo outro, então meu eu adulto pode abrir o coração. Assim, é nossa tarefa acolhermos a nossa criança interna assustada, garantindo a sua segurança para que possamos cumprir nosso propósito coletivo transpessoal de reunificação com tudo e com todos. A codependência esconde o anseio inconsciente de religação. A unicidade não é a mistura com o outro. É o eu sou, você é e também nós somos juntos. Fazer codependência é buscar atalhos. Nossa alma não quer capturar nem ser capturada pelo outro, mas seu propósito é que, com inteireza e integridade, possamos perceber nós mesmos e o outro, para que assim o fluxo do cardíaco possa unificar na essência.

Um dos maiores anseios da vida humana é proporcional ao maior medo. Nosso ser almeja profundamente a união com outros seres. Ao mesmo tempo, o medo da separação ou da perda é um grande fantasma que persiste no consciente e no inconsciente de quase todos. Por medo da dor, muitos renegam seu principal propósito: amar. Entretanto, a dor de não amar é maior que a dor de amar e sofrer. Quando o coração está aberto e sofremos uma perda, a dor é sempre passageira. Porém, a dor crônica de não amar pode persistir por muitas encarnações, repetindo histórias de fracassos afetivos. A frustração só acontece quando de fato não amamos. Amar é seguro, porque o amor da essência não é codependente.

Para alguns, o anseio de se unir ao outro, assim como o medo da separação, pode estar muito inconsciente. Para garantir o esquecimento do que pode ser angustiante, o indivíduo pode vestir-se da autossuficiência e passar grande parte de sua vida investindo energia em garantir esta máscara, que ele acredita protegê-lo. O preço do empobrecimento da vida em se manter distanciamento nas relações é significativamente maior que o desconforto decorrente de sair de si mesmo em direção ao outro. Cartesianamente podemos pensar que quanto menos relacionamentos íntimos, menos riscos. É verdade, pois na intimidade há o risco da conscientização das próprias máscaras, o eu inferior vem à tona; expomo-nos não só para o outro, mas também para nós mesmos. Quando se tem uma autoimagem muito fixada na perfeição, é claro que se relacionar pode desencadear uma grande ansiedade. O outro é quem mais pode nos desnudar e revelar nossas sombras e imperfeições. Ao mesmo tempo, a intimidade também possibilita vir à tona nossas qualidades essenciais. O outro revela o pior e o melhor de nós. Por essa razão é que no encontro com o outro temos a maior oportunidade de transformação.

Desde os curtos encontros como um cumprimento a alguém no elevador até os relacionamentos mais íntimos com amigos, família ou namorados, podemos ser tocados pelo campo energético do outro. O nosso dia, por exemplo, pode ser um pouco mais prazeroso quando recebemos, de manhã, um bom-dia que venha do coração de um vizinho. Nesse instante, podemos abrir o campo do dia para a atração positiva. Somos influenciados constantemente pelas intenções conscientes ou inconscientes dos outros. É claro que, quanto maior a conexão com a essência e o fortalecimento de nosso campo energético, menor é a possibilidade de captarmos as dissonâncias provenientes do externo e mais nos abrimos para captar a ressonância que enriquece o nosso campo. Quanto menor o contato com outros, menos influência e menos transformação. Aquele que tem o ego muito fragilizado receia as relações, pois inconscientemente teme perder a si mesmo no outro, teme perder a pouca base que criou. Aquele que tem o ego muito enrijecido teme perder as próprias referências e a expectativa perfeita de si mesmo na relação. Portanto, para se relacionar, é preciso ter um ego forte para poder estar com o outro sem perder a si mesmo e para poder correr o risco das revelações que podem surgir do inconsciente.

O medo da exposição pode criar o afastamento, e o medo da perda pode levar ao distanciamento ou à polaridade oposta: a cristalização de um relacionamento simbiótico. A codependência acontece quando o temor inconsciente faz com que eu engolfe o outro para dentro de mim, para que ele não vá embora; e, ao mesmo tempo, posso também ser engolfado pelo outro. Relacionamentos são transformadores, mas, quando se consolida a codependência, há o risco de maior empobrecimento da existência. A pessoa pode passar a investir menos energia nas outras áreas da vida e fechar-se para outras relações. O que pode acontecer também é ela entrar no campo do outro, a ponto de tomar sua vida como própria. Dessa forma, a essência fica escondida por trás do que foi assumido do outro.

É claro que em um relacionamento podemos passar a gostar de coisas que o outro gosta e participar de seu mundo. Isso é saudável, desde que não esqueçamos quem somos, conservando as referências provenientes da própria essência. Nas relações saudáveis, saímos um pouco de nós mesmos para estar com o outro, mas temos a possibilidade de, após esse encontro, voltarmos para a nossa própria individualidade. Nas relações de essência, ambos voltam mais abastecidos para si mesmos. O relacionamento saudável se expressa em estar com o outro, mas consciente da necessidade do retorno a si mesmo.

Assim, relacionar-se é realmente desafiante, pois precisamos manter a nossa individualidade, ao mesmo tempo que na entrega nos misturamos com o outro. As primeiras relações que estabelecemos na vida com nossos cuidadores irão determinar grande parte de nosso padrão de fusão e separação do outro. Se houve um registro de maior segurança, há probabilidade de haver confiança para a entrega e não há desmoronamento emocional quando acontece a separação. Porém, se as primeiras relações que estabelecemos tiveram um registro de medo e insegurança, então pode haver a resistência à entrega nas relações ou, em função da ansiedade de separação, pode se formar a codependência nos vínculos. Entretanto, independentemente de como foi nosso primeiro vínculo na vida, temos a oportunidade de transmutar cada vez mais nossos padrões negativos de relacionamento. Quanto maior é a nossa autoestima essencial, mais podemos abrir o coração, mantendo-nos inteiros na entrega ou na separação.

A nossa cultura traz um registro muito negativo das separações. Quando um animalzinho de estimação morre, quando um amigo íntimo se muda para outro país, quando um casamento termina, quando o filho vai embora de casa; enfim, em qualquer separação, podemos amenizar significativamente a dor quando nos conscientizamos do que o outro deixou em nós e o que nós proporcionamos ao outro. Por exemplo, um cachorrinho ou um gatinho que passa por nossa vida. Quando ele se vai da vida terrena, entristecemo-nos, mas, quando somos conscientes de que o amor que demos àquele ser, que se corporificou na forma de um bichinho, fez com que este retornasse à fonte melhor do que veio, então nosso coração se tranquiliza. Qualquer pessoa que passa por nossa vida colabora de alguma forma com nosso desenvolvimento. Mesmo em um relacionamento destrutivo e conturbado emocionalmente, há algo para aprimorar a manifestação da essência de ambos. É importante sempre priorizarmos a gratidão pela passagem de cada ser por nossa vida, para ficarmos com o bom de cada história e não rompermos com o fluxo do amor. Precisamos nos unir e nos separar com respeito.

O temor da separação é um fantasma que assombra muitas pessoas. Entretanto, quando ela acontece realmente, em geral temos força interna para lidar com o fato. Essa força, que muitos relatam que tiraram não se sabe de onde diante da perda, vem do ser essencial. Muitas vezes a personalidade se desespera diante do luto, mas, para a essência, a separação não existe, já que somos um e retornaremos para a mesma fonte. O medo, muitas vezes, inconsciente da separação é o que mais pode restringir o fluxo da entrega. No entanto, quanto mais amamos a partir da essência e não da criança interna carente, menor é o sofrimento da separação, porque há o entendimento de que, enquanto o relacionamento perdurou, cumprimos os propósitos com aquele ser.

Se nos identificamos com o padrão do apego, provavelmente passamos a maior parte da vida em sofrimento, já que a vida é um eterno oscilar entre fusão e separação. Nós nos juntamos e nos separamos diariamente de situações e até da representação que temos de nós, já que não somos os mesmos que fomos ontem nem seremos os mesmos amanhã. Cada pessoa que passa por nossa vida desperta em nós uma qualidade de nossa essência e nos traz alguma transformação. Quando ela não pode estar mais presente, é porque o propósito do encontro já foi cumprido; assim, é importante sabermos se o tempo do relacionamento se completou ou se não procuramos as pessoas por outros motivos inconscientes, perdendo a oportunidade da riqueza dos vínculos que podem estar disponíveis. Enfim, o encontro com o outro nos enriquece, porém o apego a ele nos paralisa.

Quanto mais estabelecemos relações nas quais podemos ser quem somos, mais nos desenvolvemos. É com o outro que crescemos e, certamente, o que mais levamos desta vida são os registros de amor que demos e recebemos em nosso coração. Tanto o afeto que demos por meio de um sorriso a um desconhecido como os vínculos mais profundos preenchem nosso coração e enriquecem a nossa existência. Aqueles que sentem constantemente sensação de carência podem estar apegados ao anseio de receber, porém o amor é uma energia que está disponível a todos. É mais um estado do ser do que algo que se dependa do outro fornecer ou não. É claro que muitas vezes precisamos que o outro nos preencha de afeto, mas, quando ficamos nessa expectativa, naturalmente tendemos a obstruir este fluxo com o medo inconsciente da falta. Além disso, quanto mais abastecemos a nós mesmos com essa energia, mais atraímos afeto, pois, no mundo abstrato, semelhante atrai semelhante. Se o coração está aberto para o amor, atraímos amor. Se o coração está fechado pelo medo de sermos enganados ou abandonados, o que tendemos a atrair?

Capítulo 10

Quando a Repressão Esconde o Propósito

A formação das civilizações, por meio das regras, consignas religiosas, entre outras, criou o padrão da repressão da sombra. Assim, os sentimentos de inveja, raiva ou qualquer aspecto considerado reprovável, para a maior parte das pessoas, precisam ser negados ou reprimidos. Se não houvesse a intenção da repressão, a civilização não poderia ter sido formada. Entretanto, ainda continuamos a viver como se fôssemos mais animalizados que seres conscientes, pois muitos ainda necessitam de muitos mandatos de controle e repressão. Parte da humanidade está dando um salto quântico em direção à consciência da integração da luz com a sombra. Não precisamos continuar vivendo como seres domados, pois já interiorizamos em nossas células as leis e as regras.

Os mandatos de controle serviram para formar a sociedade, todavia a persistência neste padrão é que provoca agora as desestruturações, pois a junção da sombra reprimida de muitas pessoas presente no inconsciente coletivo provoca desastres, guerras e outras manifestações destrutivas. A repressão serviu ao propósito de construção, porém agora é uma ameaça sutil de destruição. Precisamos, de fato, desestruturar para reconstruir a civilização de forma mais consciente e íntegra. Mas essa desestruturação pode ser feita de modo inconsciente e com dor ou com consciência e conexão com a essência. A desestruturação pode acontecer por meio de doenças, acidentes, traumas ou pela desconstrução de mandatos internos que sufocam a essência. Sabemos que a energia não desaparece, mas se transforma. A repressão da sombra não a dissipa.

O mecanismo de repressão é um recurso importante do nosso inconsciente que serve para a nossa proteção e autopreservação.

A repressão é necessária e acontece naturalmente para a nossa própria estruturação. Para passar do estado de bebê para criança, da criança para o adolescente e do adolescente ao eu adulto, naturalmente reprimimos impulsos e aspectos da personalidade. Para nos tornarmos adultos integrados no meio em que vivemos, precisamos do mecanismo da repressão. Porém, após termos nos reestruturado, podemos ter a escolha de nos empenharmos para estar alinhados com a sociedade e com a nossa própria essência. Muitas vezes, para estarmos alinhados ao nosso propósito, precisamos nos desalinhar do social. Para isso, é fundamental que a nossa autoestima esteja firmemente consolidada para sustentarmos não ser exemplares para os padrões sociais.

Priorizar a essência sobre o social é o processo necessário que recria a civilização em direção à verdade e à integridade. Quando estamos alinhados com a própria essência, as regras não precisam vir do social, mas as orientações provenientes do eu superior é que mantêm a ordem e a harmonia. Quanto mais o indivíduo é afastado de sua própria essência, mais necessita de mandatos religiosos e culturais, para não se sentir ameaçado por seus demônios inconscientes. Por sua vez, as consignas rígidas e ameaçadoras afastam ainda mais a possibilidade de integração com a própria luz.

Tudo que foi reprimido deve, aos poucos, ser revisto e esta energia deve ser reintegrada de forma mais criativa ao campo multidimensional da consciência. Precisamos nos conscientizar de nossas sombras reprimidas para fazer um bom uso de nossa energia. Por exemplo: a inveja não pode simplesmente ser reprimida, mas ela deve ficar consciente. Pois, muitas vezes, ela esconde um propósito que temos a cumprir e não estamos cumprindo. O que invejamos ou o que nos incomoda no outro pode ser algo que viemos fazer e não estamos fazendo. A inveja ou a irritação com alguém pode esconder um projeto da alma. Por exemplo: quem se incomoda profundamente com políticos pode ter como propósito trabalhar para de alguma forma melhorar o meio em que vive. Quem se irrita com religiosos pode ter um propósito de despertar o outro para o espiritual. Assim como a raiva pode esconder uma forte energia de coragem, de vida e de poder.

Todos os sentimentos considerados negativos ou reprováveis não devem ser simplesmente lançados para o inconsciente, pois são energias que temos à nossa disposição para vivermos com mais poder, realizando nossos contratos sagrados. Nas profundezas de nosso inconsciente, há muita vida e luz a ser resgatada. Esta é a reforma de que a civilização necessita. Perceber, acolher e transformar a nossa sombra em poderosos recursos internos é o melhor serviço que podemos prestar à humanidade. Assim, podemos enxergar a luz do outro e aliviar um pouco mais a densidade do inconsciente coletivo. É holográfico, o que curamos em nós curamos no todo.

Reconhecer a própria sombra e a luz do outro faz parte do nosso propósito coletivo. Muitas vezes, a sombra esconde nosso propósito de vida, pois podemos caminhar no sentido oposto ao que planejamos espiritualmente para a nossa existência. Na astrologia e nos nomes sagrados da Kabalah, observamos que o potencial da energia, se não for manifestado positivamente, se manifestará em seu oposto. Quero dizer, não há neutralidade. Se uma pessoa veio para servir ao bem comum e não estiver cumprindo o seu propósito, necessariamente, de alguma forma, ela terá atitudes ou pensamentos que prejudicarão o meio social ou ambiental. Assim como alguém que veio expressar a criatividade pode ter fortes bloqueios de expressão. Por vezes podemos caminhar para o oposto do nosso propósito, pois somos movidos pela luz e pela sombra. Por essa razão é que não podemos de maneira simples, onipotente e hipócrita lançar a nossa negatividade para o inconsciente pela repressão ou pela negação. Perceber, reconhecer, respeitar, acolher e transformar uma energia distorcida em potencial criador é o que precisamos fazer.

Quando nos deparamos com nossas repressões, temos oportunidade de resgatarmos um pouco mais de nossos propósitos. Se mantivermos ódio guardado é porque temos mais amor para dar. Se em nosso inconsciente temos inveja é porque temos mais para realizar. Se temos medo é porque temos mais amor para expressar. Na honesta investigação de nossas imperfeições, potencializamos mais recursos para o caminho da perfeição. Não do perfeccionismo obsessivo e arrogante, mas da perfeição divina que inclui, com integridade, tudo que existe.

Necessitamos ter humildade para reconhecer e acolher nossas imperfeições e, ao mesmo tempo, precisamos nos sentir dignos do recebimento e da expansão. É comum a dinâmica de o indivíduo não ocupar o próprio lugar ou temer a prosperidade, ter inveja ou ter receio de fazer mais sucesso que o outro; mas, ao mesmo tempo, por não se apropriar do que é seu, pode manifestar onipotência e querer mais do que a fatia que lhe cabe ou ter inveja e irritação com os outros que se realizam. Há pessoas que colocam a máscara da humildade, quando deveriam assumir o poder e, quando deveriam ceder ou reconhecer mais o outro, são egocêntricas querendo lugar ou reconhecimento indevidos. Podem oscilar entre a impotência e o sentimento de fracasso, e a onipotência e o sentimento de superioridade. Esta dinâmica é absolutamente comum. Precisamos assumir quem somos, ocupando nosso espaço, sentindo-nos merecedores da nossa glória e da abundância do Universo e, ao mesmo tempo, ter humildade para aceitar quando não conseguimos realizar ou quando estamos na contração. Reconhecer e honrar nossos potenciais e também o do outro, respeitando o espaço e o propósito de cada um.

A integração de tudo que somos é o caminho para a nossa própria realização e para a integridade do Universo em sua manifestação física. Quando nos assumimos, não queremos o que não é nosso. E, quando acolhemos o nosso material reprimido e por conseguinte resgatamos o nosso propósito, naturalmente ocupamos mais o nosso lugar e desejamos menos o do outro. Uma pessoa identificada com a inveja tem muito potencial latente. Quando nos integramos, caminhamos para a integração do planeta. A integração da luz e da sombra, do poder e da humildade, das imperfeições com a perfeição é o caminho para a sustentação da nova civilização de honestidade e justiça divina. Há muitas distorções a respeito do que é justiça. Justiça não é vingança, tampouco segue uma lógica racional. A verdadeira justiça só pode vir daqueles que estão ajustados no seu próprio eixo e na sua própria essência. Não podemos ser justos quando não somos totalmente quem somos, pois sempre iremos projetar, invejar ou nos irritar quando não cumprimos o nosso propósito. Justiça só pode existir plenamente com integração.

Capítulo 11

O Autoconhecimento e a Autorresponsabilidade

Ao mesmo tempo que fomos criados completos, precisamos do outro para dar e receber. Para a Kabalah, o Universo se fragmentou, originando todos os seres, por "necessidade" de compartilhamento. Estamos aqui na Terra para compartilhar a expressão da nossa essência. Alguns, por restringir a troca da essência, buscam como compensação doar no nível material. Isto acontece com alguns pais, por exemplo. Estamos aqui para expressar a parte que nos cabe da totalidade em todas as relações. Desde os relacionamentos mais íntimos e profundos até em breves contatos que temos no cotidiano, podemos estar com a presença de nosso ser essencial. É claro que não deixamos nosso campo aberto para qualquer pessoa, mas, quando estamos alinhados, a presença da nossa essência pode tocar a essência do outro. Não encontramos casualmente as pessoas no dia a dia, isso ocorre porque precisamos de alguma qualidade do outro e ele da nossa. Ainda que fechemos o nosso campo ou ainda que o outro esteja com o campo fechado, todo encontro e toda situação têm um propósito. Quanto mais expressamos a nossa essência, mais o mundo se completa e mais nos abastecemos de energia, por estarmos cumprindo o propósito coletivo.

Para a Kabalah, a negatividade individual e a coletiva são frutos da não expressão da essência. Em nosso cotidiano, temos várias oportunidades de compartilharmos com o mundo externo a partir da essência, ou reagirmos mecanicamente ou a partir de identificações rígidas com os nossos aspectos internos. Há muitas distorções culturais que confundem manifestações provenientes da essência com respostas alicerçadas no medo ou na culpa. Por exemplo, há pessoas que nunca manifestam agressividade, acreditando que são harmoniosas, mas muitas vezes essa harmonia não é natural. Elas estão contidas por medo de sua própria carga ou do poder. Não podemos negar ou reprimir a agressividade, mas canalizá-la para realizações construtivas. Algumas vezes também precisamos nos posicionar com uma carga mais forte de energia; não destrutivamente, mas com uma forte presença. Em alguns casos, as atitudes agressivas podem estar ressonantes com o propósito, quando expressam limite, por exemplo. É importante lembrarmos que podemos ser agressivos, sem ser destrutivos. Esse é um grande aprendizado.

A agressividade é um recurso proveniente de nosso sistema reptiliano e está a serviço da nossa proteção. Entretanto, se é um padrão repetitivo, então é a criança interna ferida que está se sentindo ameaçada e precisa ser acolhida e protegida pelo eu adulto acolhedor. Quando interpretamos constantemente as circunstâncias como algo contra nós, é sinal de que precisamos de algum apoio interno para a nossa parte frágil. Os comportamentos autorreferentes, quando se repetem com frequência, estão denunciando uma criança interna que precisa ser atendida.

Quando a energia agressiva é reprimida, há uma desconexão com a qualidade divina do poder. Precisamos equilibrar o amor e o poder. Pessoas que manifestam somente ações amorosas sem o poder provavelmente atrairão algum tipo de sofrimento e provocarão desequilíbrio em algum sistema no qual estão inseridas. Quando isso acontece, outra pessoa, principalmente dentro da família, irá manifestar o conteúdo que ficou inconsciente no campo. O Universo funciona na polaridade. Muitas vezes, naqueles que manifestam "amor" e dizem sempre "sim" para tudo, a sombra e a raiva pulsam em seu inconsciente. O que pode acontecer, também, é alguém manifestar a raiva que está inconsciente no outro.

Nos casais, é comum aquele que reprime a raiva se relacionar com uma pessoa que expressará não somente a sua própria carga, mas também a de ambos. Aqueles que não conhecem a própria sombra podem ser um perigo em potencial. Pois nada no Universo permanece inerte para sempre, sem ser manifestado. A energia agressiva contida não desaparece, mas se expressa em bloqueios energéticos ou contribui para a carga do inconsciente coletivo, favorecendo a ocorrência de brigas, guerras, explosões, traumas, entre outros. Sombras individuais se encontram no inconsciente coletivo por ressonância, formando um campo mórfico que procura uma abertura para se manifestar. Acidentes, desastres, doenças ou quaisquer manifestações agressivas são meios que essa energia presente no inconsciente coletivo se utiliza para ser expressa.

Dessa forma, entendemos que qualquer tragédia ou "infortúnio" tem o propósito de purificação do Universo. Há pessoas que desenvolvem doenças, como o câncer, a aids, entre outras, não só por manifestar por meio da patologia os conteúdos inconscientes, mas também por inconscientemente escolherem esta forma para servirem como transmutadores da sombra planetária. Assim como há, também, pessoas que são receptáculos da sombra planetária, expressando não somente o próprio mal, mas também o coletivo. Por isso, precisamos sempre ter compaixão com aqueles que estão identificados com o mal, pois, muitas vezes, eles não estão manifestando somente a sua própria carga, mas a de muitas outras pessoas.

Na Psicologia, chamamos aquele que manifesta o mal na família de paciente identificado. Aquele que apresenta os sintomas físicos ou emocionais pode também estar manifestando bloqueios e sombras que são de outros membros da família. É como se eles inconscientemente escolhessem ser o protagonista do carma familiar. Geralmente, são eles que procuram a terapia. Por meio de sua transformação e cura, o campo familiar pode procurar outro depositário ou passar por um processo de desequilíbrio, possibilitando ainda a cada um tornar-se consciente de si mesmo e ser promovida, assim, a liberação de toda a família.

É importante ressaltar, também, que aquele que é o depositário da sombra familiar ou coletiva atrai essa carga por alguma ressonância. O bode expiatório serve para o alívio do social, mas também é responsável pelo que atraiu. Todo padrão negativo ou positivo que vibramos nos leva a atrair seu semelhante. Assim, se alguém se conecta com a carga de hostilidade presente no inconsciente coletivo é porque possui um núcleo de vingança, desamor ou outro atributo hostil. Enfim, tudo que acontece no Universo está a serviço da luz. Tudo é Deus, a sombra também é Deus. Ela existe para ser purificada e sua energia integrada ao todo. A mulher tem a possibilidade de reconhecer e transformar um pouco mais a sua sombra quando passa pela tensão pré-menstrual. A alteração hormonal faz com que o seu inconsciente torne-se mais aflorado. É um desperdício passar pela TPM sem nenhuma forma de autoconhecimento ou transformação.

Toda carga energética negativa, que manifestamos em sentimentos ou pensamentos, provoca uma consequência no campo coletivo. Assim, somos totalmente responsáveis pelo nosso campo de vibração. Temos o compromisso, como cocriadores deste planeta, de buscarmos o autoconhecimento pois, quanto mais conhecemos a nossa sombra, mais ela pode se reintegrar à luz. E, quanto mais conhecemos a nossa luz, mais o Universo se beneficia. Esse benefício ocorre não somente com quem está ao nosso redor, mas também quando nos transformamos, pois aceleramos a possibilidade de mudança do padrão energético dos reinos mineral, vegetal, animal ou humano. Aqueles que estiverem na mesma ressonância que nós, em qualquer outro lugar do planeta, também se transformam. Não existe transformação em que os frutos sejam colhidos em separatividade. Paulo Freire dizia que ninguém se liberta sozinho, mas que as pessoas se libertam em comunhão.

Quanto mais nos conhecemos e nos transformamos, mais somos agentes responsáveis por nossos sentimentos, pensamentos e ações. O que nos diferencia basicamente dos animais é que possuímos livre-arbítrio. Quanto mais nos tornamos autoconscientes, menos respondemos às situações movidos por impulsos reativos, provenientes do eu instintivo, da criança ferida ou do eu inferior. Passamos a nos apropriar do poder de escolha. Assim, podemos ser proativos e não reativos. Faz parte da nossa tarefa de vida, como sustentadores da transformação planetária, trazer mais respostas filtradas pelo canal do ser essencial. À medida que nos conhecemos, podemos identificar quando estamos reagindo com base em algum complexo emocional ou quando estamos agindo a partir da essência.

É um treinamento constante ouvirmos a voz do ser para tomarmos as decisões do cotidiano a partir da verdade da nossa alma. O exercício básico para nos alinharmos com a essência é o ancoramento na sede da alma. Ele consiste em levar a ponta do dedo médio para um ponto localizado na parte mais saliente do osso esterno, cerca de um palmo abaixo da garganta, com a intenção de permanecer na essência. Essa prática pode ser realizada constantemente ou sempre que precisarmos voltar para a nossa própria frequência. Quando um aluno de Kabalah passa pela iniciação nesse portal e continua realizando a prática, toda sua vida passa a se alinhar ao padrão vibratório da própria essência.

Enfim, quanto mais vibramos na energia do amor e nos conectamos com o ser essencial, mais contribuímos para que o campo vibratório da Terra se acelere para o estabelecimento da quarta dimensão. Somos totalmente responsáveis pelo destino planetário. Em todas as ações, pensamentos e sentimentos, estamos colaborando com a manutenção da sombra coletiva ou estamos sendo agentes construtores da nova civilização do amor e da luz.

Capítulo 12

A Expansão do Universo e a Construção Humana

Se o Universo continua em expansão e a própria Física nos mostra que este é inacabável, então somos cocriadores com o criador. Nós fazemos acontecer o mundo com pensamentos, sentimentos, palavras e ações. Estamos construindo o tempo todo. Ter essa consciência pode despertar responsabilidade e alívio. Podemos nos tranquilizar, pois não estamos à mercê de forças desconhecidas do Universo. A nossa vida é completamente determinada pelo que semeamos no mundo físico por intermédio da mente, das emoções e das atitudes, sobretudo por meio das intenções conscientes ou inconscientes. Existe um destino que não conhecemos, que está além do que podemos determinar conscientemente. Mas mesmo as surpresas da vida foram determinadas pelo nosso inconsciente, sempre com a finalidade de promover o nosso desenvolvimento e para a maior expressão da essência. Tudo obedece a este princípio: o mundo físico é reflexo do caminho do nosso ser em direção à luz. Quanto mais nos conhecemos, mais podemos direcionar as nossas vidas para os propósitos e menos nos surpreendemos com as determinações inconscientes.

Somos 100% responsáveis pela escolha do nosso destino. Os que fazem do caminho de vida uma jornada em busca da essência transformando e limpando o que não é verdadeiro para a sua própria divindade criam com o tempo uma história de vida mais ressonante e, consequentemente, mais satisfatória. É comum o padrão de vítima, de atribuir ao outro ou às circunstâncias a causa de alguma dor, infortúnio ou bloqueio. Não é por acaso que uns nascem mais providos que outros ou uns são mais atratores positivos que outros. Tudo que recebemos tem ligação, em parte, com o nosso propósito de vida e de desenvolvimento, e com o que semeamos. Em alguns casos, uma criança que nasce com uma deficiência ou adquire uma doença pode, por isso, receber mais amor em forma de atenção dos pais. É possível que para estas almas, nesta existência, confiar no amor seja mais importante que ter um corpo são. O ser sabe as experiências que precisa viver. O Universo é perfeitamente justo e não atraímos aquilo com que não vibramos ou que de nada serviria para nossa evolução ou transmutação.

A compreensão que podemos ter com o recebido é que faz a diferença. A partir dela, podemos não mais repetir as mesmas dores em contextos diferentes e sim criar novas possibilidades, mais legítimas na vida. O Universo é perfeitamente justo. A força cósmica, aliada ao inconsciente individual, traz o ajuste necessário para cada um. Isto é, a divindade universal em comunhão com a divindade do ser, embora não exista separação entre elas, conduz o indivíduo para a experiência necessária, no momento exato. O fato de sabermos que cada pessoa e cada povo passam pelo que precisam experienciar não nos isenta nada da responsabilidade pela dor do outro. Todo desajuste também foi criado por pensamentos, sentimentos e ações negativas que processamos em algum momento. Se cada um expressar a parcela da essência que veio manifestar, o ajuste do todo será natural. Todas as pessoas, animais, vegetais, minerais e matéria são provenientes da mesma fonte. Assim, tudo o que existe é campo de energia interligado. Se a unidade é absoluta, então a responsabilidade por tudo e por todos é natural. A codependência é uma distorção desta corresponsabilidade.

O "método" de cura e limpeza havaiano *ho'oponopono* mostra a riqueza da consciência de responsabilizar-se pelo todo. O dr. Ihaleakala Hew Len[3] utilizou-se da adaptação do método de responsabilidade coletiva, praticado pelas antigas comunidades havaianas. Esse terapeuta trabalhou no manicômio judicial no Havaí e curou um pavilhão completo de criminosos insanos sem nunca ter visto nenhum deles. Ele olhava as fichas dos internos e se responsabilizava pelo que via. Entendia que também era responsável por aquelas pessoas. Assim, diante dessas fichas, com a citação repetida do mantra: "sinto muito, me perdoe, eu te amo, sou grato", ele curou os internos e o pavilhão foi desativado em quatro anos. Esse mantra ele aprendeu com a havaiana Kahuna Morrnah Nalamaku Simeona. O dr. Len, ao ser entrevistado, respondeu: "Eu

---

3. Dr. Hew Len realiza cursos e seminários sobre o ensino da identidade própria por meio do *ho'oponopono*. Por intermédio da fundação da "I", criada por Kahuna Morrnah Simeona, dr. Hew Len continua a mensagem de equilíbrio, paz e compreensão do verdadeiro eu.

simplesmente estava sanando a minha parte que tinha criado esta negatividade neles".

O princípio havaiano consiste em sermos responsáveis por tudo que aparece à nossa frente. Ao analisar as fichas dos internos, o terapeuta respirava e meditava até sentir o que nele, em algum nível, poderia ter em comum com o outro. Encontrando e transformando a negatividade em si mesmo, a sombra do outro também se transformava. Esse mantra é um pedido ao eu superior para transmutar memórias, negatividades, sofrimentos, ressentimentos e bloqueios. Alguns terapeutas estão ensinando esse método simples para os clientes liberarem o estresse, os ressentimentos e as situações dolorosas, que envolvam outras pessoas. A intenção desse mantra para limpar algum desentendimento pode facilitar a liberação de laços distorcidos. Esse é um mantra simples que podemos mentalizar quando nos deparamos com algum desentendimento, pois ajuda a não ficarmos com a energia do outro e pode ser um elemento auxiliar na resolução de desentendimentos mais profundos. Ele pode ser feito também sem um fim específico, apenas para purificar o que for necessário para si mesmo e para o todo.

Se o todo é unificado, todos os nossos atos são perfeitamente orquestrados pela divindade interna em consonância com a totalidade. Nada existe ou se faz que não cumpra um propósito, ainda que na maioria das vezes não tenhamos consciência disso. Desde os pequenos fatos ocorridos, tais como um telefonema, um restaurante que escolhemos para almoçar, o lugar em que estacionamos o carro, até os maiores acontecimentos da vida servem a um propósito. Assim, todos os dias nosso inconsciente aliado ao consciente escolhe tudo o que nos acontece. Tudo o que atraímos, sejam circunstâncias satisfatórias ou não, tem por fim a manifestação de nossa essência.

As pessoas com as quais nos deparamos no cotidiano poderão por ressonância despertar a manifestação de qualidades da nossa essência, como amor, alegria, harmonia, paz, entre outras. Essas mesmas pessoas, em outro momento, podem despertar outros sentimentos mais dissonantes, tais como raiva, medo ou tristeza. O que recebemos das pessoas ou o que elas despertam em nós depende do que estamos vibrando naquele momento, mas principalmente do que está em nosso inconsciente. Uma pessoa, por exemplo, aparentemente harmoniosa, mas com uma carga de energia agressiva reprimida, pode provavelmente atrair situações de agressão.

Puxamos das pessoas e das situações o que está ressonante principalmente com nosso inconsciente. O contato com as pessoas desperta também bloqueios que precisamos transformar. Sentimentos não expressos obstruem a manifestação do ser. Assim, no momento em que nos deparamos com um bloqueio, temos a possibilidade de liberá-lo um pouco mais. No instante em que a circunstância que despertou o bloqueio acontece é porque estamos prontos para a sua transformação. Quando, por exemplo, atraímos uma situação na qual nos sentimos rejeitados, é porque estamos no momento de liberar um pouco mais o bloqueio da rejeição e manifestarmos mais a qualidade essencial de acolhimento por nós mesmos. Toda situação desafiante nos serve para dissolvermos parte da sombra e ampliarmos a luz.

A energia que estava presa no bloqueio é dirigida para a expansão da essência. Por esta razão é que de nada adianta apenas descarregar os sentimentos ou as emoções distorcidas, tais como a raiva, tristeza... Terapias, rituais ou religiões que promovem somente a descarga dos sentimentos, sem nenhum entendimento adulto, podem levar a pessoa a permanecer dependente e repetindo sempre os mesmos padrões emocionais viciados e, em alguns casos, permanecendo até em situação mais regredida. Descarregar ou fazer trabalho de limpeza sem a consciência do padrão que antecedeu a manifestação da sombra não faz com que a pessoa se responsabilize pela mudança, recriando novamente as mesmas negatividades. O descarrego pode ser benéfico em alguns momentos, mas permanecer nesta dinâmica sem haver elaboração consciente não promove a transmutação dos bloqueios.

Se os sentimentos considerados negativos são na verdade distorções de qualidades essenciais, é preciso estar consciente destes para apropriar-se da sua energia e manifestá-la de outra forma mais construtiva. A raiva, por exemplo, pode ser uma distorção da qualidade de dinamismo ou de coragem. Pessoas que têm o planeta Marte ou o signo de Áries em evidência no mapa astral podem manifestar a energia por meio de ações destrutivas ou construtivas com determinação. Não existem aspectos astrológicos negativos, assim como toda sombra contém a luz. Tudo o que temos em potencial é luz a ser manifestada. Toda energia pode ser canalizada para a construção ou para a destruição. E não existe campo neutro porque não há ação sem reação e, como estamos sempre em ação, quer seja por intermédio de um sentimento, quer de um pensamento, assim estamos sempre atuando no Universo construtiva ou destrutivamente.

Se os sentimentos aparentemente negativos contêm grande potencial de energia, então precisamos reconhecê-los para transmutar a sombra em luz. Muitas vezes a cultura faz com que neguemos ou mascaremos esses sentimentos, principalmente a tristeza. O social nos cerca de atrativos com a finalidade de negarmos a dor. Entretanto, há momentos em que nosso inconsciente provoca situações para nos depararmos com esse sentimento com o propósito de nos purificarmos de dores mais antigas, ampliando a manifestação da essência. Há momentos em que precisamos nos aprofundar na dor para chegar à sua origem. Quando recusamos esse processo, podemos nos identificar com a acusação e a vitimização, perpetuando o sentimento de dor. O sofrimento se repete para que possa ser elaborado. A outra saída muito comum é fugir dos sentimentos incômodos, porém sabemos que optar por essa ilusória alternativa pode custar um preço alto posteriormente, pois de alguma forma eles vêm à tona, mas de forma inconsciente é mais desastrosa.

A cultura incentiva tanto o apego à dor, por meio do drama, quanto a sua negação. Diante da dor precisamos, antes de seguir comandos externos, ouvir a nossa alma. No instante em que colocamos no colo e ouvimos a nossa parte ferida, geralmente ela se dissolve. Quando vivenciamos a dor com entrega, compaixão por nós mesmos e entendimento, retornamos das profundezas mais sábios e íntegros. Isso nada tem a ver com nos afogarmos no buraco negro da dor. Podemos vivenciá-la sem sermos ela, mas estarmos com ela. Quando nos deparamos com o caos, precisamos manter a referência de nós mesmos para não nos identificarmos com a dor. De tempos em tempos, voluntariamente ou por meio de algum revés, precisamos atravessar pelo caminho sombrio da alma. Os 49 dias que Jesus permaneceu no deserto antes de ressurgir com todo seu potencial criador e curador é um arquétipo que todos vivenciamos em algum momento da vida. Quando não há paralisação no sofrimento, emergimos mais conectados com a essência e fortalecidos em nossos propósitos, após o mergulho na noite escura da alma.

Quanto mais conectamos com o nosso ser silencioso essencial, menos precisamos da dor para nos olhar e ouvir. Se praticarmos a entrada ao lugar de silêncio dentro de nós, o nosso inconsciente não precisa criar a dor para mergulharmos em nossas profundezas. Além disso, se nos direcionamos na vida, guiados pela conexão a esse espaço de silêncio, local de calma e luz em nós, então nossas escolhas nascem do nosso alinhamento. Dessa forma, não causamos maus-tratos a nós mesmos nem a outros.

Enfim, somos responsáveis pelo uso que fazemos da nossa energia. É de nossa responsabilidade carregar bloqueios e dores intermináveis ou liberar a energia contida na negatividade, transformando-a em luz para expressá-la na Terra para o nosso próprio benefício e o do todo, participando positivamente da reunificação planetária. Se somos cocriadores em paralelo com o criador, possuímos os mesmos recursos para executar a criação. Deus é a própria vida e ele se revela por meio de tudo que existe e acontece. Se toda a vida, tudo que há no mundo é formado da mesma matéria energética, então a nossa tarefa é reconhecer e acessar essa luz dentro de nós para manifestarmos a perfeição divina. Somos a divindade, e a forma que temos para expressar Deus é por meio das relações. Servir a Deus é servir ao ser humano. Este não precisa ser servido lá no alto. É a qualidade do que levamos para o outro que nos faz sentirmos próximos da divindade.

Há dois caminhos que as pessoas geralmente buscam para despertar a consciência espiritual: ouvindo a si mesmas ou seguindo a orientação de outros. Podemos nos conscientizar do divino dentro de nós e fazermos a ponte para que a luz se manifeste na Terra ou buscar a divindade fora de nós. A maior parte das religiões oferece a busca desse Deus fora. Esse caminho também é válido, pois por ressonância podemos acionar o eterno dentro de nós. O risco da busca fora é permanecer nela. Muitas pessoas fixam-se no padrão de estar em ligação com um Deus "lá no alto". A busca pelo Deus externo deve ser uma passagem no caminho da busca da luz em nós. Deus não quer que sejamos dependentes, afinal, o Universo não é codependente. Precisamos reconhecer e honrar a força e a beleza do criador, do todo, ceder reverência à totalidade e ao mesmo tempo necessitamos reconhecer que somos ativos na sua construção. Quanto mais nos conscientizamos de que a essência do criador e a nossa são a mesma, mais colaboramos positivamente com a composição do Universo. A consciência de sermos cocriadores com o criador se expande na quarta dimensão.

O momento de passagem de um padrão vibratório para outro é naturalmente caótico. Pois há fortes mudanças no tocante ao coletivo e individual, que estão estabelecendo novos paradigmas. Aqueles que estão mais inseridos no padrão da terceira dimensão estão sofrendo as consequências da fixação no nível egoico, em que o medo é o principal sintoma. Este é proveniente principalmente do apego. Essas pessoas têm passado por sofrimentos e perdas que a sua própria alma escolhe vivenciar, a fim de flexibilizar o ego para torná-lo um servidor da essência. As manifestações das distorções do ego trazem consequências cada vez mais rápidas, pois, algumas vezes, é somente pela dor que muitos podem se abrir para o novo padrão vibratório.

Quanto mais a vida está alicerçada na terceira dimensão, maior pode ser o sofrimento para que aconteça a entrega ao novo. A maior parte de nós está bem conectada com as duas dimensões. Podemos estar apegados aos padrões egoicos e às distorções de poder, mas há momentos em que nos conectamos com a essência, manifestando o amor, o poder e a sabedoria com integridade. Com certeza, estamos alterando nossos padrões e criando novos paradigmas familiares, sociais, culturais, científicos, entre outros, que estão mais ressonantes com a consciência da unidade. Este momento planetário marca mais que nunca o movimento de religação com a fonte, com a totalidade. Os grandes conflitos são gerados pela sobreposição desses dois padrões vibratórios presentes neste instante na Terra. O ensino fundamental, por exemplo, está em crise, pois a maior parte das escolas segue um modelo de terceira dimensão, enquanto grande parte das crianças e adolescentes está mais ressonante com um padrão vibratório de quarta. Por essa razão, muitos se mostram totalmente desinteressados pelo estudo, tanto pela forma pela qual é transmitido quanto pelo conteúdo.

Essa mudança de padrão vibratório marca a passagem da era de Peixes para a era de Aquário. Na era de Peixes ocorreu a vinda de um Messias, um indivíduo que veio com a mais alta expressão do Cristo interno para auxiliar no processo de estabelecimento da qualidade do amor na Terra. Na era de Aquário, que marca a coletividade, não estamos mais esperando mestres, mas cada vez maior é o número de pessoas que estão despertando para o reconhecimento e a expressão da própria divindade. Na era de Peixes, um homem representou o filho de Deus. Agora é para todos saberem e viverem como luz da luz. As pessoas mais conectadas com a terceira dimensão também estão mais ligadas à vibração pisciana.

O signo de Peixes em sua positividade é amor, espiritualidade, compaixão; é serviço ao próximo. Entretanto, em sua polaridade negativa manifesta sofrimentos, sacrifícios desnecessários, ilusões, apegos a vícios e outras formas de dependência. Precisamos reconhecer em quais aspectos estamos apegados às manifestações negativas de Peixes e transformá-los para fortalecer a nossa autoiniciação no novo destino individual e planetário. Assim, podemos nos conectar cada vez mais com a polaridade positiva de Aquário, que é a liberdade do ser, unidade, fraternidade, a consciência que passa do egocentrismo para o coletivo.

Estamos saindo de uma cultura de dominação para uma cultura de parceria. Mais do que buscarmos o bem individual, almejamos o bem do todo. Portanto, neste momento temos de estar cada vez mais conscientes de que temos duas escolhas: continuarmos apegados a padrões distorcidos, provenientes do esquecimento do ser essencial, perpetuando o sofrimento ressonante com a polaridade negativa de Peixes; ou podemos dar um salto quântico de transformação pessoal e coletiva, ampliando a conexão com a essência e acelerando o propósito de reunificação com a luz, ressonante com a polaridade positiva de Aquário. A escolha é entre o sofrimento ou a transformação. O importante é termos consciência de que somos construtores atuantes e de que estamos constantemente escolhendo. Quando a personalidade pode ceder para a passagem do ser, o Universo colabora com as mudanças necessárias que precisam ser feitas. É o que diz a Torah: "Abre-me uma abertura do tamanho do buraco de uma agulha, que eu te abrirei os portões celestiais". Assim, é de nossa responsabilidade realizar a passagem de uma civilização egoica e identificada com a dor para uma civilização de compaixão e essência.

Capítulo 13

A Desconstrução para a Manifestação do Amor e da Totalidade

Para vivermos na realidade física, separamo-nos da fonte. Essa separação foi necessária para a manifestação no mundo físico, entretanto, em essência, ela é ilusória. Todas as distorções e bloqueios que sustentamos são provenientes, originalmente, da identificação com a separatividade. Quero dizer, a inconsciência da nossa grandeza natural, o esquecimento de nossa totalidade, faz com que acreditemos que somos aquilo com que nossa personalidade se identificou. O ego tem a necessidade de se autodefinir, como se as nomeações nos oferecessem certa segurança. No entanto, quando fazemos uma identificação, podemos correr o risco de nos afastarmos ainda mais de quem somos em essência, sobretudo se esta for negativa.

Quando nos reconhecemos afirmando que somos isto ou aquilo, já estamos na ilusão da fragmentação. Todavia, esse autorreconhecimento é necessário como passagem. Precisamos nos reconhecer para transcender esse reconhecimento. Se a identificação for negativa como: sou medroso, sou estranha, não consigo aprender, para mim relacionamentos nunca dão certo ou qualquer forma de autodefinição depreciativa, é importante entender para que esta identificação precisou ser feita ou do que ela está nos protegendo. Ou qual é o medo que levou a essa autoimagem? Uma identificação negativa precisa ser reconhecida profundamente para ser transmutada. Precisamos também reconhecer de que parte de nós mesmos provém nosso autorreconhecimento "positivo". Se for do ego ou da máscara, é preciso compreender, também, para que essa defesa foi necessária, qual o sentido dessa identificação neste momento e assim temos a opção de continuarmos na ilusão ou a oportunidade de nos abrirmos para novas manifestações mais provenientes do ser essencial. A identificação valorizadora autoenganosa mais comum que afasta o indivíduo da unicidade é o sentimento de ser especial. Positivamente seria reconhecer que se é especial e todos são. Mas quase sempre quando o indivíduo traz essa sensação ou esse desejo, seus sentimentos e atitudes o afastam da totalidade (de ser um com todos), porque ele se excluiu ou exclui os outros.

Enfim, quando o valor pessoal está alicerçado no ego ou na máscara, ele não pode se sustentar. É por isso que perdas e decepções são caminhos que a alma escolhe para desfazer a identificação distorcida. Por exemplo, uma pessoa que se autovaloriza por ser autossuficiente a ponto de acreditar que é separada, pode passar por uma limitação física, material ou emocional para aprender a receber do outro, para abrir seu coração e desfazer a autoimagem que a afasta das pessoas. Perdas financeiras podem servir ao propósito de desidentificação com a máscara distorcida do poder. Quando colocamos nosso valor fora da nossa essência, precisamos passar por alguma forma de perda para nos desidentificarmos da autodefinição ilusória e separatista. As identificações positivas são incentivadas por muitas formas de psicoterapias. Em um primeiro momento, esta atitude pode até ajudar o cliente a levantar a sua estima, porém é preciso ter um sábio discernimento para identificar se a valorização vem do reconhecimento da essência ou se está reforçando a máscara.

O reconhecimento e a valorização das qualidades pessoais são importantes para o desenvolvimento egoico. Entretanto, o risco é nos apegarmos às identificações positivas. Ser poderoso, bonito, inteligente, simpático, enfim, todas as definições aparentemente positivas que fazemos de nós mesmos servem para nos dar suporte e uma relativa estima para nossa sobrevivência emocional. Mas a estima verdadeira não deve estar embasada em qualidades que podem se dissolver a qualquer momento. É por isso que só temos autoestima real quando nos amamos incondicionalmente, mesmo sem dinheiro, sem beleza, sem amor ou em qualquer circunstância em que nos encontramos desprovidos de algo que acreditávamos ser importante ou muitas vezes essencial. Podemos, com frequência, nos surpreender com nosso bem-estar em situações que julgaríamos insuportáveis. A falta de estima essencial é frequentemente encoberta pelo desejo de ser especial, que reforça a separatividade.

O sentimento distorcido de ser especial tem origem na falta de estima genuína experienciada em existências anteriores. Na infância, surgem todas as dissonâncias que viemos transformar. Quando a criança toma constantes atitudes para chamar a atenção dos pais, é sinal de que sua estima não está garantida. O excesso de atenção que os pais podem dirigir ao filho impede que ele desenvolva conexão com seus valores essenciais. Caso isso ocorra na adolescência e na vida adulta, ele continuará a ter desempenhos com foco de chamar a atenção e não de expressar a própria essência, que em alguns momentos pode ser apreciada pelos outros, mas nem sempre. Quando o indivíduo é enganchado com a necessidade narcísica de ser visto, suas ações no mundo tenderão a vir mais do seu ego que da sua essência, criando uma separação cada vez maior entre quem se é e o que se manifesta. Assim, o indivíduo se afasta de seus valores essenciais para assumir valores sociais ou egoicos de outros.

Os pais precisam perceber que quando os filhos chamam excessivamente a atenção é porque estão precisando de acolhimento ou de um limite com acolhimento, para que possam se sentir amados pela sua essência e não por seus desempenhos. Quando os pais apreciam e aprovam a criança que chama a atenção inadequadamente, estão contribuindo para que ela seja um adulto codependente que precisará, no futuro, de outra forma de nutrição externa para se preencher, podendo tornar-se dependente do dinheiro, da comida, do sexo, de aplausos, entre outros. Por outro lado, quando os pais reprimem ou massacram as atitudes de atenção do filho, este poderá ser um adulto que perdeu o poder e tenderá a conduzir a sua vida no rumo que o externo o levar. Assim, tanto o mimo quanto a repressão são sinais de falta de percepção dos pais, que negam a essência dos filhos. Para romper a cadeia de separatividade, o primeiro passo é que os pais e todos aqueles que têm contato com crianças percebam-nas em sua essência e valorizem-nas pelo que são. Não só com a criança, mas também cada vez que percebemos qualquer pessoa em sua essência, estamos contribuindo para que a essência do planeta se manifeste. Quanto mais percebemos o outro em sua essência, mais facilitamos para que ele possa ser ele mesmo.

A vida, na essência, consiste em manifestar na fisicalidade o que tem ressonância interna. Se nossa existência está de acordo com o que somos, então sentimos a paz que vem da integração com o ser essencial. E esse estado pode reverberar para o Universo. Quanto mais somos quem somos, mais facilitamos para que outros também possam ser quem são. Essa é a verdadeira honra da quarta dimensão, honrar quem somos nos expressando no mundo, para que consequentemente possamos honrar o planeta. A verdadeira honra, que nada tem a ver com se sentir fora do comum (conceito de honra da terceira dimensão), é estar no comando da própria vida a partir do ser essencial, não da mente ou do ego. É ser causa no mundo e não consequência. É não ser consequência dos outros ou dos fatores inconscientes, mas causar a própria vida de acordo com a própria verdade. Honrar-se e honrar o outro é legitimar a própria essência e a do outro; é o arco-íris da aliança que nos traz de volta para casa, para a reconstrução da totalidade.

A autoestima verdadeira está em atributos que não são perecíveis, tais como: a compaixão, o amor, a sabedoria, o poder divino e outras qualidades que estão na essência e, portanto, nos acompanham por toda a eternidade. Quando fazemos identificações, também corremos o risco de limitarmos a nossa totalidade, excluindo outras oportunidades. Se somos tudo e todos também são, quando nos apegamos a uma definição de nós mesmos, obstruímos a disponibilidade de vivenciarmos outras possibilidades. Podemos limitar, assim, a nossa expansão de ser, que é infinita. Quero dizer, se holograficamente somos tudo e todos, então podemos manifestar qualquer aspecto que intencionarmos, desde que eles estejam ressonantes com nossos propósitos de vida. As identificações rígidas podem restringir nossas possibilidades, assim como a inconsciência da nossa totalidade. O apego às nossas autodefinições pode obstruir a expressão expandida de nossa essência.

Os apegos são sempre nossos maiores impedimentos para reconhecermos e manifestarmos quem somos. A era de Aquário reforça a qualidade do desapego. O regente do signo de Aquário na astrologia é Urano. Esse planeta, que foi redescoberto próximo às revoluções francesa e americana, traz o lema da igualdade, liberdade e fraternidade. Entretanto, para atingirmos a liberdade do ser e a ligação com a totalidade, necessitamos passar pelos rompimentos. Quando passamos por um trânsito de Urano, por exemplo, precisamos aprender a nos desapegar. Se não for pela consciência, pode ser pela dor, porque algumas vezes, inconscientemente, escolhemos que a vida arranque algo de nós para a nossa própria expansão. A consciência aquariana não se prende em identificações. Há também o lado sombra do Aquário que é o não estabelecimento de vínculos ou dificuldade de enraizar, por medo das fixações.

Neste momento, em que entramos na era de Aquário, podemos observar que emergem nos padrões sociais o lado sombra e o lado luz desta vibração. Por um lado, há as desestruturações por imaturidade, a pseudoliberdade, a rebeldia desvinculada do propósito, a falta de vínculos em virtude da separatividade que cria o individualismo e o egocentrismo, entre outras distorções; por outro, nunca houve tantas oportunidades de transformação e revelações de potenciais essenciais em nível individual e coletivo. Estamos vivendo um momento de desapego com o que não é verdadeiro para a essência. As pessoas hoje estão muito mais em busca de sua essência do que há 30 anos, por exemplo. É uma época privilegiada para transmutação individual e coletiva. Por esta razão, a Kabalah não é mais restrita a poucos. Para viver bem neste momento planetário, é preciso reforçar a conexão consigo. Podemos congelar a energia com os apegos, obstruindo a realização dos nossos propósitos, ou assumirmos nos desidentificar de tudo o que não somos para nos movermos cada vez mais em direção ao que viemos de fato realizar nesta vida.

Ao vivenciarmos bloqueios e dificuldades, temos a oportunidade de nos desidentificarmos com tudo que nega a unicidade, como falta, medos, dualidades ou outros aspectos que criam o sofrimento. No entanto, o que muitas vezes pode ocorrer é o reforço da separatividade e da sombra; ou seja, em vez de usarmos a experiência dolorosa para transformarmos o padrão que a produziu, podemos reforçar a sua origem. Tendemos a atrair situações que confirmem as nossas crenças conscientes ou inconscientes negativas. A realidade tende a confirmar nosso mundo interno. É importante, porém, termos consciência de que a manifestação da realidade física não é necessariamente o real. Toda negatividade manifesta e toda dor são provenientes da distorção e do afastamento da consciência do ser essencial. Todos os pensamentos ou crenças negativas criam situações que as confirmam. Essas dissonâncias pedem realimentação, e a sua manifestação na realidade física é o seu alimento. Assim, a crença negativa que cria a realidade dolorosa não é real porque não provém da consciência essencial. Em essência, somos a totalidade. Dessa forma, somos herdeiros de toda luz, portadores de toda graça do Universo. Qualquer negatividade vem do rompimento da consciência da totalidade.

O mantra "eu sou o eu sou" manifesta a consciência divina. Esse é um poderoso mantra que ajuda a nos identificarmos com o que somos de fato: a própria divindade. Muitos sofrimentos surgem quando não sintonizamos a frequência real de quem somos. O nosso eu personalidade, o ego, é capaz de enxergar apenas parcialmente. Quando acessamos o nosso eu superior, podemos ir para um ponto de calma e luz dentro de nós e, ao observarmos as circunstâncias desse lugar, nosso coração pode ficar mais tranquilo, pois assim acessamos uma confiança que não tem explicação a partir dos fatos concretos, mas que simplesmente é. Em algum lugar dentro de nós sabemos que, se eu sou Deus e tudo e todos são, então tudo está certo, podemos nos entregar. A frase bíblica que afirma que "nenhum fio de cabelo pode cair da sua cabeça se não for por vontade divina" expressa simbolicamente a tranquilidade que acessamos quando estamos na essência. Pois a nossa divindade interior faz manifestar no mundo físico exatamente o que precisamos. Se nos encontramos atolados em bloqueios e obstáculos é porque, ou não estamos reconhecendo e manifestando o divino que somos, ou nosso Deus interno precisou manifestar esta realidade, com o intuito de nos conduzir para um caminho mais essencial.

Observamos que grande parte das perdas e dores que tivemos na vida foi necessária a fim de nos direcionarmos para uma manifestação maior da nossa verdade. Quando o indivíduo desperta para o ser essencial, certamente podem ocorrer mudanças, tais como: perda de emprego, término de relacionamento, entre outras. Estas, muitas vezes, em um primeiro momento, podem ser sentidas como perdas dolorosas. Mas, posteriormente, pode vir a consciência de que a transformação foi uma escolha do próprio ser essencial, que sabe qual a direção a seguir. No caminho de transformação, há situações e vínculos que permanecem porque ainda são consonantes com o ser, mas passam a se manifestar de forma diferente. Porém, daquilo que não é mais ressonante e, por isso, não nos traz crescimento, vibração ou energia, desfazemo-nos. No nível da personalidade, às vezes podemos lamentar a perda, porém no nível da alma sabemos que a divindade em nós sempre escolheu tudo perfeitamente. Há muita recompensa em sustentar os desapegos necessários.

Tudo que ocorre em nossas vidas é com a finalidade de retomarmos a consciência de nossa divindade. É muito importante sabermos que ser a divindade não é excluir nossas misérias, mas compreendê-las. A essência não é uma beleza rígida, congelada no disfarce do tudo bem. A sombra é acolhida e respeitada pela luz. Precisamos nos desapegar da identificação da perfeição, para expandirmos o canal da perfeição divina, que nada tem a ver com a perfeição egoica.

Uma das identificações negativas que mais obstruem o reconhecimento de nosso ser é o desamor por nós mesmos. Podemos manifestar e receber ilimitadamente tudo que nosso ser precisa. Entretanto, uma crença de não merecimento ou a inconsciência de quem somos limitam o nosso estado de bem-aventurança na Terra. Todos nós possuímos, em maior ou menor grau, certo desamor por nós mesmos. Uma das origens desse bloqueio é proveniente do sentimento de inadequação vivenciado na infância. Qualquer manifestação emocional da criança que não encontra continência no ambiente pode criar uma frustração, como visto anteriormente. A criança, quando a sua expressão não é bem recebida pelas pessoas que a cercam, sente como se estivesse incorreta ou pode ter a sensação de que há algo errado com ela. Esse sentimento de inadequação gera culpa e vergonha e vai dissipando sua autoestima. É claro que, por mais compreensivos e receptivos que sejam os pais, em algum momento, toda criança se decepciona com alguma forma de desaprovação. Como não há pais perfeitos porque não existem pessoas totalmente conscientes da totalidade, em determinado momento toda criança vivencia alguma reprovação. Mesmo se no lar a criança fosse totalmente respeitada e amada, na escola ou quando ela fosse para o mundo, certamente sofreria obstáculos às suas manifestações.

Quanto maior a hostilidade externa, menor é a estima da criança. É claro que a predisposição desta para vivenciar as experiências também exercerá influência no sentimento de inadequação. Uma criança mais sensível, que tem em seu campo de energia o registro de rejeição, tende a ter uma vivência mais traumática ao se deparar com a desaprovação que outra, menos vulnerável. É importante enfatizar que não precisa ocorrer uma forte hostilidade para causar uma retração na energia da criança. Às vezes, um simples não notar já pode ser doloroso para a criança predisposta ao enjeitamento. Seu sentimento de inadequação pode vir de uma não aprovação à sua manifestação, tanto de seus sentimentos ternos quanto agressivos. Assim, a criança vai negando e reprimindo seus sentimentos, procurando sentir-se aceita. Por se perceber inadequada, passa a buscar aprovação com o intuito de receber e introjetar amor, para aliviar a culpa, a vergonha ou o medo da rejeição. A partir daí, começa a incessante busca do indivíduo, jamais atingida.

Essa busca já está fadada ao fracasso, pois mesmo que sejamos aprovados e bem-vistos, em algumas circunstâncias, jamais seríamos constante e incondicionalmente apreciados. E a meta egocêntrica da criança é ser sempre aprovada em tudo. Ao crescermos, em algum nível, podemos continuar com essa expectativa inconsciente. A necessidade de aprovação é proporcional ao desamor por si mesmo. Quanto menor a autoestima, maior é a busca pela nutrição externa. Na tentativa inconsciente e fracassada de aliviar os sentimentos de inadequação, o indivíduo busca tentar ser especial para provar o seu valor.

O sentimento de culpa, que vem da impossibilidade de se atingir metas inalcançáveis na busca da prova do próprio valor, serve para a manutenção do estado de inadequação. A culpa tem a função da resistência. Ela paralisa o movimento. Claro que existe a culpa saudável que podemos chamar de a consciência de que não fomos íntegros com o nosso ser. Essa forma de "culpa", que é passageira, tem a finalidade de nos alertar quando estamos fora da essência. Porém, se nós permanecemos paralisados nela, torna-se uma resistência para continuarmos na sombra. Precisamos discernir a culpa proveniente de um fracasso do ego, da culpa que vem da consciência da integridade. Esta última não é acusatória, mas funciona como um pai amoroso que intenciona nos lembrar do caminho. A culpa egoica surge quando buscamos referenciais externos, pois no nível da essência não existe nenhuma forma de fracasso do qual possamos nos culpar.

Na infância são transmitidos alguns mandatos que têm a finalidade de provar o valor da criança, tais como: você deve ser boazinha, você tem de ser o mais forte, você precisa ser a mais bonita, você é o mais amado, entre outros. Eles podem ser explicitados verbalmente ou de modo subliminar. Essas consignas são cristalizadas no campo da criança, formando a base para um padrão de busca de aprovação. Há pessoas que agem reativamente e fazem oposição ao mandato que receberam. Por exemplo, se sentem que precisavam ser bem-comportadas para ter o amor dos pais, então elas se fixam no comportamento oposto, buscando sempre a rebeldia, mesmo quando não a desejam de fato. São os dois lados da mesma moeda. Há pessoas que têm dificuldade de prosperar financeiramente porque ficaram presas em uma rebeldia da criança contra a exigência de serem poderosos.

É comum ficarmos limitados a buscar manifestar o que foi esperado de nós ou a sermos reativos, opondo-nos aos mandatos que recebemos. As duas formas constroem máscaras que encobrem quem somos verdadeiramente. É comum estabelecermos metas impossíveis, ou quando atingimos uma realização, mal a saboreamos, já colocamos outra à frente a fim de não nos apreciarmos, para manter, em algum nível, o padrão de inadequação. Há aqueles que por reatividade nem buscam a realização, pois a expectativa inconsciente do fracasso ou o alto grau de exigência pessoal paralisam o movimento para agirem, assim mantendo a baixa estima. Há os que paralisam e os que buscam incessantemente, sem introjetar o recebido. Essas duas dinâmicas prestam serviço ao adoecimento da sociedade. Aqueles que não realizam, não agem, não amam, não manifestam prazer e alegria por medo, repressão ou inconsciência deixam lacunas não somente nas suas vidas, mas também prejudicam todo o sistema. Todos são lesados pela omissão daquele que não busca se reconhecer e manifestar seu eu essencial. Assim como aqueles que buscam além da quota necessária de afeto, prazer, energia financeira, atenção, etc. para o seu ser estão trazendo não apenas acúmulo de frustrações por almejarem metas inatingíveis para si mesmos, como também estão produzindo desequilíbrios em outros. De qualquer forma, o pior que podemos fazer por nós e pelo todo é a omissão.

Quando omitimos a nossa essência, deixamos de realizar plenamente nossas tarefas de vida. Deixar de fazer algo por causa de alguém, por medo de errar, por acreditar que pode deixar para depois ou por quaisquer medos conscientes ou inconscientes é amordaçar um pouco mais a essência cristalina pulsante, que em sua origem está ávida de expressão. Há muitos pactos familiares inconscientes que aprisionam a essência. Um irmão mais novo, por exemplo, quando começa a ter mais sucesso que o irmão mais velho, pode inconscientemente se sabotar por culpa inconsciente. É mais comum do que se imagina a crença inconsciente que, se minha família não é feliz, também não posso ser. Quando há doenças prolongadas na família, é comum os outros membros energeticamente adoecerem juntos. No casamento, a mulher pode inconscientemente se sabotar para não ofuscar o brilho do homem que seja inseguro e manipulador. O oposto também acontece, o indivíduo, muitas vezes, pode permanecer aprisionado em uma competição para ser o melhor do seu grupo familiar. Em uma família ou em um casamento íntegro, cada qual segue o seu caminho sem comparações, competições ou distorções de culpa. A piedade é uma dinâmica que energeticamente rebaixa ainda mais a energia do outro. Agradar a família na essência é respeitar cada um, enxergando-os em seu ser essencial, além de suas misérias, doenças e imperfeições.

Sempre que inconscientemente nos colocamos na posição de devedores de algum membro familiar, estabelecemos ganchos energéticos que drenam a energia de ambos. Esta é apenas uma das formas de drenagem energética por meio de ganchos. Há muitas outras dinâmicas familiares que engancham seus membros, atrasando o processo de evolução individual e planetária. Na Kabalah e em alguns rituais cabalísticos, há práticas que facilitam a retirada desses ganchos. Mas o importante é revermos quando estamos sendo infiéis a nós mesmos para servirmos ao campo familiar. Causamos feridas em nossa alma quando deixamos de ser ou fazer por medo de desagradar o campo familiar. Rejeitar ou negar a família também traz igualmente tais feridas. É um desafio amar e estar presente com nossos familiares, sem nos engancharmos neles. Podemos manter o sentimento de pertencimento ao campo familiar, pois isso é importante para o nosso primeiro triângulo, mas conservando a nossa integridade; liberar consignas e mandatos dissonantes, mas manter o amor de alma que nos uniu. No nível da essência, certamente, o que é bom para nossa alma, também será para o campo familiar. Além disso, nossos ancestrais se elevam quando somos quem somos. Precisamos libertar as expectativas da criança interna para agradar e deixar o ser realizar. Liberar nossa criança interna das expectativas que ela tinha e que não conseguiu cumprir nos disponibiliza mais energia para as tarefas da alma. Libertá-la de ter de ser especial para ser quem ela é, acolhendo-a e conectando-a ao eu superior, que sabe que todos são especiais, já que tudo e todos são um milagre cósmico. Precisamos amar incondicionalmente a nossa criança e liberá-la de toda a necessidade de aprovação. Esse amor pode transformar o medo, a culpa e a vergonha em sentimento de valor intrínseco. Não há nenhum outro caminho possível para a cura que não seja pelo amor a si mesmo. Por essa razão, se um terapeuta não amar o seu cliente, não poderá nunca, por ressonância, acessar nele esse sentimento. O amor das pessoas que vamos encontrando pelo caminho vai aliviando o desprezo por nós mesmos. Entretanto, por causa desse autodesamor, tendemos a não confiar no amor do outro. A exigência elevada, que quer comprovação, faz com que não recebamos o amor no nosso cotidiano, que poderia nos nutrir, desde as pequenas demonstrações, como uma gentileza vinda de algum desconhecido, até as grandes manifestações.

Assim, o amor que expressamos em pequenas ações contribui para o acalanto da criança interna do outro, caso ele esteja aberto para receber. Dessa maneira, estamos contribuindo para o equilíbrio não só de um indivíduo, mas também de todo o sistema. Da mesma forma que uma forte rejeição pode desencadear a manifestação de uma doença que estava latente no outro, o amor pode curar muito mais. O amor é a cura pessoal e planetária. Essa lei tão antiga, já manifestada no primeiro mandamento de Moisés, enfatizada e vivenciada por Jesus há 2 mil anos, certamente continuará sendo a mais importante por toda a eternidade. O amor por si e pelo outro traz um alívio. É fundamental termos consciência de que é difícil a sustentação do amor pelo outro, se o próprio desamor está subjacente.

O amor não é piegas, pois ele está junto ao poder. O amor não é devorador, pois ele reconhece a essência do outro e almeja ser construtivo. O amor não é sentimentalismo, pois ele se expressa mais por meio de comportamentos do que em expressões sentimentais. E, principalmente, o amor não é masoquismo. O sacrifício excessivo pelo outro é a manifestação sintomática da necessidade de ser especial e da aprovação infantil que inconscientemente o adulto acredita que o redimirá, libertando-o do sentimento de inadequação. Na verdade, a dinâmica de salvar o outro, em vez de acolher primeiramente a si mesmo, é sobrepor uma máscara sobre a outra, a do bonzinho sobre a do rejeitado, aumentando, ainda mais, a frustração e o afastamento do ser essencial.

Em suma, precisamos ficar conscientes do preço que pagamos em nossas vidas, por causa da busca do reconhecimento do outro. Quantas renúncias são feitas para privilegiar o ego a fim de que se possa garantir a pseudossegurança da aprovação? Quantas mentiras contamos para nós mesmos para priorizarmos a aprovação em detrimento da verdade da essência? Temos a tendência de construir a nossa autoimagem com base em referências externas. Em virtude de um anseio distorcido de querer ser especial, tendemos a nos comparar com o outro. Essa é a armadilha perfeita para a autodepreciação. Pois, na comparação, nosso olhar sempre encontrará algo ou alguém que, em algum aspecto, nos superará na competição. É preciso reconhecer que cada um tem seu lugar e suas próprias tarefas de vida e que somente a própria pessoa pode realizar. A competição é sempre ilusória, pois cada um só pode ter exatamente o que precisa para realizar-se na vida. O que cada um tem, faz ou é, é único. Quando buscamos ser especiais, rompemos com o sentimento de unicidade. Geramos inveja, frustração, ciúme e outros sentimentos que nos afastam da essência e da ligação com o todo. E, quando queremos ser outro, transtornamos todo o sistema e ferimos nosso coração com o autodesprezo.

O autoengano começa da inconsciência de pensarmos que somos separados do outro e de tudo. Contamos mentiras para nós mesmos de que somos fracos, feios, carentes, ou qualquer outra forma de depreciação. Vamos perdendo a conexão com o que somos de fato, à medida que vivenciamos os sentimentos de inadequação na infância. Em um nível transpessoal, no momento em que encarnamos no corpo físico, já entramos na inconsciência da separatividade, ou seja, já perdemos a consciência de que somos tudo por sermos a totalidade. Assim, o processo de autodesqualificação pode ocorrer involuntariamente, a partir do primeiro instante em que o nosso ser restringe toda a sua energia para habitar o corpo físico. Nossa tarefa na Terra é relembrar quem somos. Quando nos aproximamos da consciência real de que somos a essência, restabelecemos naturalmente a autoestima genuína. Conforme vamos refazendo a ligação com nossa origem divina, o contentamento natural que emerge ameniza a necessidade de preenchimento por fatores externos.

Desperdiçamos muita energia na busca fora de nós em vez de a disponibilizarmos para a realização de nossos verdadeiros anseios da alma. Na verdade, o primeiro passo é diferenciarmos o que buscamos para aliviar feridas da criança daquilo que procuramos a partir do fluxo da essência, ou seja, quais são as nossas verdadeiras e falsas necessidades. Quanto mais nos conhecemos, mais podemos identificar nossos reais propósitos. O autoconhecimento é o caminho que separa a ilusão do real. Quando passamos a expressar o nosso ser, o amor por nós mesmos aumenta e quanto mais nos estimamos, mais manifestamos quem somos. É um ciclo que se autoalimenta. O oposto também acontece: quanto maior o autodesamor, mais ocultamos o nosso ser e manifestamos o que imaginamos que irá despertar a atenção do outro, em detrimento da nossa real expressão. Podemos observar que as pessoas de que gostamos mais de estar próximos, a quem voltamos mais a nossa atenção, são aquelas que estão menos comprometidas com a necessidade de serem aprovadas. Não fazem esforço para agradar, mas agradam pela expressão natural da essência. Por não estarem em busca de atenção, recebem-na naturalmente. É da lei de atração: autoamor atrai amor.

É importante também ficarmos conscientes de que assim como todos nós possuímos em maior ou menor grau um aspecto de desamor por nós mesmos, também temos um grande núcleo de amor genuíno proveniente da nossa própria divindade. Assim, por maiores que sejam as sombras ou os bloqueios, temos uma alavanca que sempre nos moverá em direção à luz, ao belo e ao amor. Freud dizia que temos um instinto de vida e um instinto de morte, aquilo que nos leva para a libertação e o que nos paralisa nos bloqueios. Nós temos a sombra, mas somos a luz. O ser se sobrepõe ao ter. O que temos é temporário e passageiro. O que sempre foi e será é o que somos: o ser, a luz e a totalidade. Dessa forma, não existem obstáculos ou bloqueios intransponíveis, tampouco pessoas fadadas ao mal ou à negatividade. Na desidentificação da sombra e na conscientização da luz, alteramos toda a manifestação da nossa realidade. Quando nos identificamos com a divindade que somos, ampliamos nosso canal de expressão e de recepção. Nossa missão na Terra é estarmos em constante processo de desidentificação das limitações para a expressão da consciência essencial do amor e da totalidade.

Capítulo 14

Autoestima para a Sustentação da Unicidade

Na civilização do ego, estamos expostos às determinações do que predomina no campo cultural. A mídia, para a maioria das sociedades, tem o papel de ser o instrumento facilitador de manutenção do estado social vigente. Os meios de comunicação ditam os modelos de existência. E os modelos apresentados como sucesso, além de difíceis de serem atingidos, muitas vezes implicam um afastamento da essência. O ser é distorcido na supervalorização do ter. Muitos adolescentes e jovens, que estão mais ressonantes com o padrão vibratório da quarta dimensão, excluem-se da competição por estarem mais na busca da essência que das determinações do ego. Muitos que vivem na competição egoica estão sofrendo, pois pedem aprovação social, mas têm necessidade de expressar o ser. Em nossa civilização, a inversão de valores é uma das principais fontes de dor. A busca da autoestima encontra-se em padrões do ego e do social, que, na maioria das vezes, não correspondem à verdade do ser.

A pseudoestima não é capaz de se sustentar por muito tempo. Quando o valor pessoal tem seu alicerce nas referências externas, há um permanente vazio e, em algum momento, a alma provoca uma crise para romper com as ilusões do ego. A partir de então, pode haver a possibilidade da criação de uma estrutura de dentro para fora. É difícil quando somos surpreendidos pela constatação de que o que afirmaram que era o melhor para nós eram apenas repetições de padrões familiares e sociais, perpetuados pelo medo. Quando acontece o desmoronamento do ego, que muitas vezes vem acompanhado pela sensação de fracasso, abre-se a possibilidade para a formação de uma identidade alicerçada na essência. A palavra *crise* vem do latim *krines,* que quer dizer *divisão de caminhos.* Quando ela acontece, há a possibilidade de libertação ou a criação de novas ilusões. Há aqueles que acreditam estar efetuando mudanças, porém apenas estão trocando as máscaras e os cenários, mantendo as mesmas dinâmicas.

Sempre que nos estimamos a partir de nossos feitos egoicos, caímos na armadilha da frustração e da incessante busca por mais e mais. O ego é insaciável, porque ele não pode nutrir a alma. Há muitas formas de terapia que levam o cliente a uma valorização de fora para dentro, por meio da busca da apreciação de pseudoqualidades que, muitas vezes, estão até mesmo a serviço da defesa e não da essência. O indivíduo deve reconhecer quais são seus atributos essenciais e quais as qualidades distorcidas nos bloqueios que estão servindo como defesa. Por exemplo, a qualidade de força para uma pessoa onipotente é o poder, que precisa ser reconhecido na essência e canalizado para o propósito pessoal. Assim como a bondade em alguém que tem necessidade de agradar para ser aceito é a qualidade de amor que precisa ser honrada e manifestada no nível da essência e não do ego.

Quando nos estimamos a partir do que temos ou de aparentes qualidades, há sempre um sentimento de incompletude, e desperdiçamos muita energia sendo prisioneiros das apreciações externas. O problema maior é que, muitas vezes, não temos consciência de que fazemos escolhas para agradar alguém, por fidelidade inconsciente ao campo familiar. Quando estamos alienados de nosso propósito, a nossa estima é frágil. No instante em que a estima é embasada em valores e referências externas, o valor próprio corre constante risco de quebra. Quando isso acontece é o momento de separação entre o que é real do ser, que precisa ser valorizado, do que é reprodução sem significado essencial, que deve ser transcendido. Grande parte do que vivemos é a repetição da história de algum antepassado. A repetição familiar alinhada às determinações culturais pode paralisar o indivíduo diante de poucas possibilidades de escolhas. Mas é claro que esta é uma questão inconsciente, pois nosso ego tem sempre certeza de que controla e escolhe a própria vida. Porém, o conhecimento de si mesmo não vem da mente. O verdadeiro autoconhecimento só é possível quando engloba os níveis físico, emocional, mental e espiritual. Quando libertamos os padrões repetitivos nesses quatro níveis e podemos enxergar além deles, certamente reencontramos a própria essência.

Libertar-se do campo morfogenético familiar é um processo pelo qual precisamos passar por toda a existência terrena. Por mais que nos conheçamos, ainda há camadas para serem iluminadas e libertadas. Se ficarmos presos no caminho que ainda falta, saímos de uma competição para outra e nos tornamos prisioneiros da ciranda de frustrações.

A libertação é sempre olhar, valorizar e acolher o caminho percorrido e aquele que ainda está por percorrer. Devemos ter consciência de que podemos sempre ir além, recebendo as sombras e as limitações com amor incondicional por nós mesmos. Amar a luz e a sombra. Se brigarmos com a sombra, ela cria força e se enraíza ainda mais. Tudo que combatemos cria mais força. Por exemplo, quem vive combatendo a gordura dificilmente consegue emagrecer. Além disso, temos o corpo que precisamos ter; enquanto precisarmos de defesas, vamos respeitar as nossas gordurinhas protetoras. Não é pelo combate que realizamos as transformações, mas pela consciência do acolhimento. Por amor a nós mesmos, pelo nosso ser, podemos respeitar e aceitar tudo o que somos. O amor que inclui todas as partes do nosso eu é o combustível essencial para a transformação.

Somente quando amamos a nossa totalidade e fazemos justiça a nós mesmos é possível estabelecermo-nos na verdadeira autoestima. Sem amor incondicional pelo nosso ser, a autoestima não pode se sustentar. Precisamos nos amar quando somos brilhantes e nos acolher quando pensamos que fracassamos. Digo, quando pensamos, porque, de fato, o fracasso não existe, todos os caminhos são necessários e está tudo perfeito, na máxima perfeição em que tudo pode estar. A perfeição está inserida na aparente imperfeição.

A autoestima está na consciência de que eu sou a essência. Há momentos em que podemos vivenciar e manifestar a essência. O desafio, porém, é sustentar essa manifestação. Quando passamos a vivenciar a essência, encontramos uma segurança natural de viver. Nesse nível, o medo deixa de ser dominante. Esse sentimento sempre vem ou do ego ou da criança interna assustada. Na essência, podemos ir libertando o ego e a criança ferida. Entretanto, para que seja possível a maior permanência na essência, é necessário que a criança interior seja acolhida e o ego, fortalecido, isto é, que este não seja fraco nem enrijecido. Algumas terapias proclamam o enfraquecimento ou a anulação do ego. Essa é uma perigosa armadilha, pois, quando o ego é fraco, não é possível sustentar a luz. Assim, quando ela vem intensamente, pode ocorrer um colapso, tendo por consequência, por exemplo, boicotes, retornos ao padrão antigo, perdas, entre outras possibilidades. Somente um ego forte pode sustentar a vida da essência.

Fortalecemos o ego para depois nos libertarmos dele. Este deve estar a serviço do ser e não como um inibidor da expressão da essência. Quando o ego está no domínio, não é possível ter autoconfiança, porque, de fato, o ego não é confiável. Podemos viver na máscara, manifestando uma pseudoforça com medo crônico subliminar. E, se o ego é enfraquecido, estamos condenados a nos identificarmos com a fragilidade e vivermos na fuga ou dominados pelos medos constantes. O único meio possível para sair dessa bifurcação é fortalecer o ego para transcendê-lo e assim buscar novos caminhos e escolhas, mais ressonantes com o ser.

Para a passagem da vida do ego para a vida da essência é necessário disponibilidade a fim de se conhecer em todos os níveis, acolher tudo o que vem do eu, buscar novas respostas e sustentar os novos caminhos mais ressonantes com o ser. É preciso, também, muita autofidelidade para atendermos ao chamado do ser em prioridade às demandas do social. Essa é a verdadeira revolução que a Kabalah profunda e a psicoterapia transpessoal propõem: o ser além do social. O cabalista Jesus foi crucificado porque atendeu à essência e não aos mandatos sociais e religiosos. Vivemos em uma civilização de ego e somos bombardeados constantemente por apelos da vida egoica.

Quanto maior o autoconhecimento e o contato com o ser, maior a liberdade de vida, e o prazer se faz presente naturalmente no cotidiano. A cultura, por meio da mídia, quer que acreditemos que o prazer irreal é a felicidade. O prazer real está incluído na felicidade, mas não é o seu alicerce. A busca por prazeres irreais alimenta a cultura de consumo, servindo à manutenção da sociedade egoica. Esta vida no autoengano gera um ciclo de insatisfação e frustração, pois o prazer pode nutrir somente uma parte do eu. O prazer, por ele mesmo, é efêmero e insaciável. Os prazeres irreais, ou seja, aqueles que são buscados apenas para preencher lacunas da criança interna desnutrida de afeto ou aqueles que são buscados para preencher as vaidades do ego, vão escondendo os prazeres reais.

O prazer real é aquele que nutre a essência. Esse prazer está disponível o tempo inteiro nas pequenas manifestações do cotidiano. A busca de prazeres irreais impede que se encontre sabor no que é simples e constante. É prazeroso vivenciar uma grande excitação. Porém, se a fonte do prazer não for ressonante com o ser, ocorre maior afastamento da essência. Nós nos afastamos da nossa própria fonte nutridora em escolhas e encontros dissonantes da essência. Quanto mais nos distanciamos do ser, mais suscetíveis nos tornamos para atender aos chamados que levam a maior afastamento. Por outro lado, quanto mais ouvimos o ser, mais vamos repelindo do nosso campo pessoas, situações, matérias e lugares que são incompatíveis com a nossa essência. Quero dizer, maior vai sendo o poder de atração para o que é luz, preenchedor e satisfatório, abrindo campo para a obtenção do prazer real. Quando estamos afastados de nós, os sentidos vão se restringindo para experienciarmos o prazer que o Universo por generosidade nos oferece constantemente.

Estamos fazendo uma passagem de uma sociedade desenfreada pela busca do prazer irreal e da vaidade do ego para uma civilização de prazer real e coração aberto para a nutrição da alma. A busca de prazeres irreais nunca preencherá a nossa criança interna. Ela quer ser enxergada, acolhida e amada incondicionalmente por nós mesmos. Quando não estamos identificados com a criança ou com o ego, disponibilizamos mais energia para ouvirmos o ser. E, ao mesmo tempo, quanto mais escutamos nossa alma e agimos a partir desta percepção, mais nos desidentificamos de outras partes não essenciais de nós mesmos. A criança precisa de amor e o ego precisa dispor do seu poder natural para servir à essência. Dessa forma, aumentamos o amor por nós. Assim, surge uma estima natural. A verdadeira autoestima só pode surgir quando nos desprendemos de prazeres irreais para ouvir os verdadeiros chamados do ser. Quando agimos a partir do nosso ser essencial, acima de tudo e muitas vezes contra os clamores do ego, do campo familiar, cultural; quando vamos além dos paradigmas seguros, estáticos, determinados e reforçados, para colocar a nossa verdade em ação na vida, então encontramos a tranquilidade do amor por nós mesmos. Mas, quando seguimos padrões em busca de aparentes afetos, criamos um desprezo inconsciente por nós.

À medida que nos reconectamos com a essência, ocorre uma abertura natural para níveis sutis da consciência e assim vamos manifestando aspectos que poderiam estar mais encobertos em nós mesmos, tais como: sabedoria, compaixão, compreensão, entre outros. Passamos a nos amar mais e só assim podemos sentir o mesmo pelas outras pessoas. Para vivermos na unicidade, amando a totalidade, é preciso primeiro unificar as partes internas do eu, transcendê-lo e sustentar o amor-próprio. A unicidade só pode ser sustentada com a autoestima verdadeira, que vem da essência. Essa verdadeira estima é honrar ser quem somos.

Há muitas distorções a respeito da honra. Há pessoas que a confundem com defesa ao ego. Uma percepção distorcida contra o ego pode gerar sentimentos de raiva, de vergonha ou vingança, que nada têm a ver com honra. Quando se fala "é uma questão de honra", frequentemente a verdadeira questão é de ego. Muitas vezes, a mensagem subjacente é: sou especial e qualquer sensação de que o outro não perceba desse modo pode ser vivenciada como uma forte ameaça. Quantos relacionamentos e possibilidades de caminho da essência são terminados em função das distorções de se sentir especial? O orgulho gerado por esse sentimento faz a pessoa obscurecer a sua capacidade de compreensão e exagerar o que vem do outro, tendendo para o negativo. Por exemplo: uma pequena desatenção, porque é claro o outro não está constantemente disponível para nós, pode ser sentida como uma forte rejeição. Assim como uma crítica profissional pode levar a pessoa a romper com o trabalho. Quando não suportamos desatenção ou crítica, criamos uma forte barreira entre as pessoas e, com certeza, perdemos muitas oportunidades de cumprirmos os nossos propósitos.

O sentimento de ser especial, que muitas vezes é um orgulho inconsciente, cria a separatividade e rompe com a unicidade. Quando se está aprisionado ao ego, a honra é distorcida e o indivíduo age a partir das emoções desvirtuadas. A honra não está no plexo solar, no terceiro triângulo, onde a vida emocional e egoica estão efervescentes, mas na coluna. Agir reativamente a partir do mundo emocional e instintivo é muito mais uma defesa proveniente da nossa parte animal. Quando nos defendemos a partir de nossa essência, expressamos a qualidade da honra e isso só pode acontecer se estamos no nosso eixo, conectados com a nossa coluna. A defesa da essência não está na frente do nosso corpo, no abdômen, mas nas costas.

É claro que há momentos na vida em que precisamos acionar nossas defesas instintivas, mas existem pessoas que estão identificadas com o mundo animal e sempre na defensiva, afastando-se da unicidade e de possibilidades de realização. A defesa deve ser uma proteção à essência e não um afastamento. Na honra protegemos quem somos por amor ao nosso ser. Não podemos paralisar na falsa humildade nem na pseudossuperioridade. Somos e, por amor ao que somos, nos protegemos, esta é a qualidade da honra. E só podemos honrar e ter respeito por tudo e por todos, quando a nossa autofidelidade proveniente da nossa autoestima legítima já foi estabelecida.

Capítulo 15

As Defesas Que Impedem a Consciência da Totalidade

A vida não é linear, mas a perfeição encontra-se no caos. Assim como as batidas do coração não são estáveis, a vida também não é. O equilíbrio está na flexibilidade e compreensão para estarmos íntegros tanto no ponto mais alto como no ponto mais baixo, tanto na expansão como na contração. A insaciabilidade da criança interna e nosso medo da falta nos levam sempre à busca do máximo prazer, do ápice financeiro, do topo da paixão ou da alegria ou de qualquer outro aspecto. Nesta idealizada procura, as armadilhas do autoengano e da panaceia podem nos distanciar de nossa inteireza. Todos queremos mais prazer, mais amor, mais abundância, quando não estamos identificados com o masoquismo. Entretanto, a negação ou a avidez por soluções mágicas bloqueiam o nosso desenvolvimento emocional e espiritual. Muitas programações de autoajuda afirmam que para se livrar da tristeza é só colocar alegria no lugar, para retirar a raiva é só colocar amor. Essa panaceia reflete a desonestidade para conosco, porque, agindo assim, não estamos nos ouvindo. Além disso, qualquer energia represada é um desperdício de uma qualidade latente, como citado anteriormente.

Diante de qualquer dor física e emocional, antes de intencionarmos a alegria, o prazer, o amor, precisamos ouvir o que nosso corpo ou nossa criança interna ou qualquer outro aspecto dentro de nós estão querendo nos dizer. A tristeza é para ser acolhida e ouvida, não para ser negada ou recolhida para algum lugar interno, formando um acúmulo de energias reprimidas, que poderão eclodir a qualquer momento na forma de uma doença física ou de um distúrbio emocional ou espiritual. Quando acolhemos e compreendemos a tristeza, a raiva ou o medo, esta energia naturalmente pode se transformar. Caso decorram de algo mais profundo, ao acolhermos a questão sem negá-la, abrimos um campo para que o mergulho dentro de nós nos conduza a libertar camadas mais inconscientes.

Quando nossa dor é proveniente de um profundo trauma, podemos, com o acolhimento, a respiração e a compreensão, ir transmutando por partes, desde camadas superficiais até as mais profundas. Para isso, não podemos nos enredar na ciranda das soluções mágicas, pois assim apenas estaremos adiando, para alguns meses, anos ou vidas, o descongelamento de uma parte de nós. Tampouco precisamos nos identificar com o bloqueio e paralisarmos outros aspectos de nós mesmos em função de uma energia estagnada. Nossos bloqueios são preciosos porque é por meio da transmutação deles que nos tornamos mais íntegros e sábios e recuperamos nossas riquezas interiores. Entretanto, há pessoas que são engolfadas por algum bloqueio e paralisam o todo em função de uma parte. Tanto a negação do bloqueio como o apego e a supervalorização deste podem nos atrasar em nosso caminho de vida.

Diante de um bloqueio profundo ou de uma restrição momentânea, precisamos ter o discernimento de não nos identificarmos com o obstáculo, que é apenas uma parte, para não perdermos a dimensão do todo e consequentemente não rompermos o fluxo da energia. Por exemplo: diante de uma restrição financeira, precisamos estar conectados com a nossa capacidade de criação da abundância e entendermos o processo, sem nos identificarmos com o baixo saldo ou com o atraso no pagamento ou com a queda financeira. Diante de uma rejeição, precisamos acolher a dor para transmutarmos feridas passadas, que podem ressurgir com a repetição de um padrão, sem perdermos a conexão com a nossa capacidade de amar. Não podemos negar a dor da rejeição, mas também não podemos fechar o coração, para sustentar nosso propósito de dar amor e o direito de receber. Embora não exista diferença entre dar e receber, em essência é o mesmo fluxo. Naturalmente, quando amamos, somos amados e, quando nos permitimos receber amor, também abrimos o coração.

Sempre, em qualquer circunstância, não podemos perder a conexão com o todo, ou seja, com a expansão de nossa essência, com a generosidade do Universo e com o nosso propósito. Precisamos estar atentos para não nos perdermos na parte. Podemos olhar as circunstâncias com a lente da restrição ou até mesmo da "sem saída" ou com a lente holográfica, que compreende que um evento é uma parte necessária de um todo. Em uma briga de casal ou de amigos, por vezes, um aspecto pode levar a pessoa a negar o todo da essência daquele relacionamento.

Precisamos manter a integridade na situação de oposição, pois podemos não aprovar alguns aspectos da outra pessoa, mas não devemos esquecer o todo que ela é ou a preciosidade essencial do relacionamento.

Há pessoas que não toleram frustração e se separam de um relacionamento ou de um trabalho em razão de um único aspecto, sem levar em conta a totalidade. Aqueles que possuem uma acentuada ferida narcísica podem viver em estado de frustração, pois se prendem na contrariedade, perdendo a conexão com o todo. Idealizam, frustram-se, rompem e se esvaziam. Por não sustentarem o estado de vazio, que é a perfeita oportunidade para o autorresgate e para uma futura busca mais essencial, fazem uma nova idealização formando um incessante ciclo de ilusão e dor. Para romper com esse ciclo, é necessário olharmos para o vazio e nos acolhermos. Com o resgate de quem somos, podemos saber melhor o que queremos. Com a consciência de que somos perfeitos, mas não ideais, também podemos aceitar e relevar as incompletudes do outro, do trabalho, da conta bancária, do nosso corpo físico e de tudo que existe.

Precisamos desenvolver a verdadeira humildade para nos rendermos diante da totalidade, reverenciando o Universo como ele é e agradecendo o destino como ele foi. Construímos nossa vida sempre da melhor forma que podemos, de acordo com os nossos recursos internos. Então, está tudo certo e o que é, é exatamente o que deve ser de acordo com nosso desenvolvimento e consciência; desde as pequenas circunstâncias até as grandes questões mais importantes de nossas vidas, tudo é como deve ser. As pessoas que queremos encontrar ou o passeio que desejamos fazer, se chove ou se faz sol, o lugar que residimos ou com quem nos relacionamos, tudo está perfeito de acordo com a totalidade. Podemos exercer diariamente a gratidão e perdoarmos o que ainda não é como gostaríamos. Enquanto o que queremos não acontece, podemos agradecer. Na gratidão, nosso coração repousa na paz para vivermos o que precisamos viver. Permanecer na vibração do amor e da gratidão é o mais alto estado energético do ser humano. Permanecer por mais tempo possível nesse estado é o propósito do homem de quarta dimensão. É poder estar bem tanto no ponto alto como no ponto baixo. Sem nos identificarmos com a vitimização ou com o masoquismo que nos prende na falta e, também, superando a ferida narcísica que nos leva a sentir que o suficiente nunca é o bastante. É a identificação com o ego ou com a criança ferida que nos congela na falta.

Quando estamos mais alinhados com a essência, temos exatamente tudo que precisamos, respeitando o tempo. Os acontecimentos são resultado de uma perfeita ressonância entre o Universo e as pessoas envolvidas. O tempo das realizações nunca pode ser determinado pela mente, pois é a configuração perfeita da totalidade que permite a expressão na realidade física das manifestações. O ego pode determinar prazos, mas a frustração é iminente. Quando nos redimimos diante da vida como ela é, sustentando o poder de transformação e a consciência da totalidade, estamos livres. Nossa mente pode descansar e nosso coração se tranquilizar, pois temos a consciência de que nosso eu superior com a força do Universo, embora não exista separação entre os dois, nos conduz e podemos nos entregar nos braços do destino, confiando na perfeição dentro e fora de nós. É o que podemos chamar de fé.

A fé não é uma entrega cega, responsabilizando o outro ou Deus por nossa vida, mas é um processo consciente de que, se somos quem somos, então temos a certeza absoluta de que recebemos o que é necessário para o que somos. Fé é confiar na perfeição que somos, em sintonia com o Universo. Entretanto, é muito comum distorcermos o anseio da perfeição divina, buscando a perfeição determinada pela nossa mente. Quando exigimos de nós, dos outros ou do mundo o perfeito, então caímos na grande armadilha da imperfeição, porque com essa expectativa, automaticamente, rompemos com o fluxo da energia. A nossa vida flui na luz quando seguimos o que os nossos anseios da alma pedem, conciliando com o que o Universo está pedindo a cada momento. Desde os pequenos detalhes como "o que comerei no jantar", até para as grandes escolhas da vida, precisamos seguir o fluxo.

O campo da energia é imperativo. Quando não percebemos e nos fixamos nas determinações da mente, então rompemos o fluxo e, certamente, nos frustramos. Se o fluxo do momento está pedindo algo, não adianta a mente teimosa e frustrada insistir em um caminho oposto. Assim, é importante nos desapegarmos das expectativas perfeccionistas para permitirmos que a perfeição natural da vida se faça presente. O perfeito acontece quando respeitamos nosso fluxo em sintonia com a totalidade.

No Universo, toda a forma de energia, ou seja, tudo que existe possui certa consciência de organização da totalidade. O fóton, a ameba ou o indivíduo racional sabem o que fazer ou que direção seguir, porque tudo possui um senso inerente de totalidade. Se não houvesse essa consciência, o Universo seria um caos. Einstein afirmava: "Deus não joga dados". Tudo segue um propósito em direção à maior organização e harmonização. Quanto maior a consciência da totalidade, maior é a probabilidade de fazermos o que a Física denomina de "ação perfeita" (ação apropriada para a situação). Então, tudo segue um fluxo maior do que a nossa personalidade possa compreender. Assim, podemos nos entregar ao comando do nosso eu superior ou permanecer brigando a vida inteira com tudo e com todos, desapontando-nos com a chuva, com o trânsito, com a ausência de alguém que não chegou, porque não era para estar presente, com o comportamento dos outros, perdendo partes e partes de nossa vida. Quanto de energia se perde com a sensação de falta ou de término?

Tudo que existe, desde formas físicas, até civilizações, grupos, entre outras formações, só perduram enquanto há uma necessidade energética. Essa necessidade faz as coisas se comporem ou descomporem. Podemos observar, por exemplo, em um grupo de pessoas, quando alguém deixa de frequentá-lo. Mesmo que seja uma presença importante ou querida, o grupo sempre caminha para uma nova formação, mais necessária para os demais componentes. Desde as pequenas frustrações, até os grandes desafios da vida, precisamos sempre manter a perspectiva da totalidade. Porém, na civilização egoica, muitos são viciados em dramas e tendem a ser mais defendidos com a vida que receptivos ao seu fluxo.

Diante de uma crise pessoal ou coletiva, temos a possibilidade de nos engancharmos com o drama ou nos mantermos no eixo, diferenciando internamente que temos um "problema", mas não somos o problema. Há aqueles que diante da crise ou da dor aparentam tranquilidade, mas podem estar na defesa da superioridade ou no distanciamento. A máscara inconsciente da superioridade é frequentemente utilizada por aqueles que têm o ego superdesenvolvido. Essa posição pode ser facilmente confundida com centramento. Porém, não há uma compreensão da circunstância a partir da sabedoria da essência, que é capaz de entender o propósito do desafio. Na superioridade, há uma subestimação do problema; já no drama, há uma supervalorização desproporcional dele. Na superioridade há também uma negação da sua proporção real, porém para menos. Por exemplo, diante de uma doença, o dramático pode se desesperar, podendo até mesmo manifestar conversão histérica, que seria somatizar no corpo os fantasmas inconscientes, produzindo os sintomas que seriam mais decorrentes do inconsciente que da doença em si.

Aquele identificado com a superioridade, diante de uma doença, pode até mesmo negar tratamento, acreditando inconscientemente que pode se curar sozinho. De fato a autocura é natural; existe uma sabedoria distorcida por trás dessa dinâmica. Porém, a autocura só acontece se vier da essência, não do ego, ou do eu personalidade. Além disso, nessa atitude não há uma integração entre os próprios recursos do eu superior e a ajuda externa; há um rompimento com o todo. E, quando rompemos com a totalidade, tornamo-nos mais vulneráveis aos males em geral. A crença de que a força da essência pode transformar uma situação é muito diferente da convicção de que a força do ego ou da personalidade tudo pode. O poder da essência é ilimitado, porém o do ego é frágil e, quando estamos identificados com o poder egoico, a vida nos mostra que estamos iludidos por meio de algum aparente fracasso. Sempre que temos a sensação de fracasso, é porque estávamos crendo mais a partir do ego que da essência. Então, é uma oportunidade de retomar a vida em um padrão mais essencial.

Há, por outro lado, os que negam o próprio poder utilizando a máscara do distanciamento. São aqueles que diante de uma doença a negarão, não por acreditarem na força do próprio eu personalidade para salvá-los, como na superioridade, mas por crerem em soluções mágicas. Nesse caso, há um sentimento de indiferença diante das crises. A diferença é que na superioridade há uma conexão excessiva com o mundo material, negando o espiritual, e na indiferença há uma desconexão com o mundo físico, uma negação do mundo real em detrimento de um espiritual ingênuo e distorcido. O descomprometimento com a vida pode ser aparentemente confortável para essas pessoas, porém para aqueles que convivem com elas pode ser desgastante. Geralmente, ao lado do indiferente está o estressado, que pode ser um pai, uma mãe, um companheiro, um sócio, etc. É comum a pessoa identificada com a rigidez atrair uma mais indiferente, pois uma tem a aprender com a outra. Por trás da indiferença está a qualidade distorcida da entrega, assim como por trás do rígido há a qualidade distorcida da disciplina. Mas, em geral, não há um reconhecimento do outro, mas uma paralisação nas polaridades. Quando um começa a reconhecer a essência do outro por trás da defesa da rigidez ou da indiferença, então é possível que a mudança de ambos e, por consequência, a da relação aconteçam.

Podemos observar quatro tipos básicos de defesas diante da crise: o drama, a superioridade, a indiferença e a rigidez. Claro que há outras formas de defesa e principalmente uma composição entre elas, mas podemos nos reconhecer certamente em uma delas. Claro que esse reconhecimento não é do nosso eu real, mas da nossa máscara, do recurso que utilizamos para "sobreviver" emocionalmente no mundo. Sempre utilizamos uma ou outra defesa, porém, com o processo de transformação, podemos com a consciência de quem somos e da totalidade ir dissolvendo-as.

Quando estamos mais na essência que na máscara, diante da crise ou do problema, podemos amenizar o sofrimento pela compreensão mais holística da situação. Podemos entender que tudo tem um propósito e que cada desafio está nos pedindo ampliação da expressão de nossa essência. Todos nós temos recursos internos para lidar com qualquer questão. Porém, as defesas fazem com que disponhamos menos dessas ferramentas da essência, tais como: o poder, a fé, o acolhimento, a sabedoria, a inteligência essencial, entre outras. O dramático nega parte de seus recursos internos por estar mais conectado com o externo que consigo mesmo e porque há um vício em permanecer em algum tipo de dor. O superior, por crer mais na força do ego e da mente que nos recursos essenciais. O indiferente, geralmente, é rico em potenciais da essência, porém há um distanciamento entre a sua riqueza interior e a vida prática. O rígido está identificado com o padrão de controle e tende a resolver as questões a partir de uma lógica própria, mais do que pelos recursos essenciais. Na verdade, a identificação com o controle nega a totalidade, havendo um afastamento das próprias habilidades. Quando não estamos fortemente identificados com essas defesas, acionamos os recursos internos para lidar com os desafios e, assim, diante de uma crise, podemos nos tornar mais quem somos.

Diante de uma crise na família, no coletivo ou ante uma tragédia, a melhor forma de ajudarmos é acolher as pessoas no coração, mas dentro do possível, sem nos misturarmos com sua dor, permanecendo em nosso centro. Tanto aquele identificado com a superioridade quanto o que está identificado com a indiferença podem negar a crise para não abalar seu estado. O dramático tem muito amor na sua essência, por isso geralmente está disposto a ajudar, quando não está afogado em seus próprios dramas a ponto de não enxergar a pessoa. Entretanto, nessa ajuda, tende a se misturar com o outro. Essa mistura nada tem a ver com o estado essencial da compaixão, mas há uma perda da própria energia e a possibilidade de enganchar o outro energeticamente na codependência. E, quando nos misturamos com a dor do outro, não ajudamos em nada. O superior, quando não nega a crise, pode intencionar salvar a pessoa. Porém, querer salvá-la é uma distorção da qualidade do amor, que polariza entre o forte e o fraco.

Na família, quando alguém está sofrendo, precisamos ter a compreensão de que há um propósito, acolher amorosamente e permanecermos na essência. Essa é, muitas vezes, a única forma de podermos ajudar. Diante de uma tragédia coletiva, podemos ficar no drama, assistindo repetidamente ao noticiário, expandindo energeticamente ainda mais a dor ou podemos ter a compaixão da essência. Nesta, há um reconhecimento da dor do outro, mas não um enganchamento com a sua dor. Abrir o coração, sem prender ou perder energia, só é possível por meio da conexão com a qualidade divina da compaixão.

No drama, a preocupação com o outro pode estar ligada ao medo inconsciente que o mesmo aconteça consigo mesmo ou com algum familiar seu. Na essência não há uma preocupação com o outro, pois se acredita em uma sabedoria maior, mas há a compaixão essencial. Esse não é o pseudoamor que vem do medo, mas é o amor natural que pode se manifestar por toda a humanidade e por todos os seres. No drama, eu e o outro somos um no emaranhado. Na essência, eu e o outro somos um em unicidade. Quanto mais ampliamos nossa consciência para a totalidade, para não nos perdermos nas fragmentações ou nas defesas, mais nos conectamos com a essência e com o essencial do Universo. A quarta dimensão marca a passagem dos dramas e das defesas para a consciência holística.

Capítulo 16

Das Defesas à Essência

Desde a nossa concepção até o final da existência, somos expostos às mais diversas influências, que vão do campo íntimo dos pais aos campos desconhecidos presentes no inconsciente coletivo. A presença desses campos algumas vezes nos ajuda a relembrar quem somos; entretanto, muitas vezes, tende a nos influenciar, facilitando o afastamento de nossa própria essência. Somos constantemente influenciados pelos campos dos outros, portanto, é uma tarefa diária o retorno ao próprio campo único, de consciência individualizada.

Em algumas circunstâncias ou em algumas áreas da vida nos esquecemos de quem somos. Grande parte das dores tem sua origem nesse esquecimento, proveniente da desconexão com a alma. Qualquer forma de sofrimento pode ser indicação de que não estamos sendo quem somos em alguma circunstância ou em alguma área de nossa vida. Por meio da percepção consciente, podemos identificar onde houve o desvio e retomar o foco. Seguir um modelo familiar, cumprir mandatos, invejar ou querer agradar são meios que facilitam o desvio da essência. Querer agradar o outro faz parte do propósito de amar que todos, de uma forma ou de outra, vieram manifestar. É nobre e nos alegra o coração. No entanto, muitas vezes, essa intenção da alma é distorcida, provocando algumas armadilhas. Agradar o outro é o propósito do amor, mas é muito sutil a diferença entre o agradar que vem da essência e o da máscara para receber amor. A tentativa de agradar o outro, proveniente da carência, pode desalinhar as verdadeiras intenções de vida do ser. Ao tentar corresponder às expectativas, o indivíduo pode se desviar do seu propósito original. O campo de influência externo, aliado às defesas internas, cria uma barreira para a expressão da essência.

A vida é um eterno oscilar entre propósito e desvio. Temos a tendência de nos defendermos constantemente de quem somos, muitas vezes até empregando esforço para sermos quem não somos. Mas, à medida que vamos retomando as intenções da essência, inconscientemente vamos comunicando ao nosso inconsciente e às nossas células do retorno ao propósito original.

Consequentemente abrimos um fluxo, pelo qual ampliamos para outras áreas ou circunstâncias a manifestação da essência. Quanto mais nos direcionamos para ser quem somos, mais o campo se abre para ser quem somos. Do mesmo modo, quanto mais nos afastamos de nossos propósitos, maior é a tendência de nos esquecermos de quem somos. Atraímos situações, pessoas e lugares que nos aproximam de quem somos, quando de alguma forma nos aproximamos da verdade da nossa essência. Nossa tarefa é exercitar a percepção diária para reconhecermos quem está atuando dentro de nós, a nossa própria essência ou algum outro personagem absorvido pelo meio externo.

Com algumas pessoas que nos relacionamos, tendemos a não sermos totalmente naturais. Assim como há situações com as quais nos deparamos, em que tendemos a reforçar nossas máscaras ou lançarmos mão de defesas, que podem romper com o fluxo da essência. Como, por exemplo, para muitas pessoas, falar em público ou se expor de alguma forma; é comum emergir o sentimento de ameaça e, consequentemente, o apelo a um mecanismo de defesa. Mesmo aqueles que parecem bem autoconfiantes podem estar na máscara de uma superconfiança. As circunstâncias e as pessoas que nos motivam a nos tirar do eixo não devem ser necessariamente evitadas, pois são os desafios que nos ajudam a reforçar e a sustentar ser quem somos.

É claro que, quanto mais nos assumimos e nos expressamos em nossa verdade, tendemos a não atrair o que não é ressonante e, simultaneamente, mesmo em circunstâncias desafiantes ou no contato com pessoas ou lugares dissonantes, podemos manter a integridade. O aprendizado é aparentemente paradoxal. Ao mesmo tempo que é prudente nos afastarmos das dissonâncias, é quando estamos com alguém ou imersos em alguma situação dissonante que temos mais a oportunidade de treinar sustentar sermos quem somos. Até porque, ao sermos nós mesmos, criamos um campo de confiança para que os outros sejam eles mesmos. Em momentos de dissonância ou de crise, também podemos ter a oportunidade de reconhecer algum bloqueio e transformá-lo.

Muitas vezes, o momento mais propício para descobrirmos tanto a nossa luz quanto a nossa sombra é na crise. E ao mesmo tempo o nosso autoconhecimento pode nos levar à crise. Infelizmente a cultura incentiva a negação da dor, pregando uma felicidade histérica e ilusória. Além disso, quando estamos envolvidos na crise, acionamos mecanismos de defesa a que estamos acostumados. Grande parte das nossas defesas foi criada nos primeiros anos de vida, e em momentos de ameaça ou de insegurança elas se fazem presente. A repetição desses mecanismos as fortalece, estreitando cada vez mais a possibilidade de darmos novas respostas diante da crise. Um dos dois mecanismos de defesa mais frequente é a fuga, que consiste na negação da realidade para criação de outra paralela, menos desconfortável que a manifesta. O outro é a racionalização, na qual a pessoa busca a solução para um problema por meio da mente, em alguns casos criando pensamentos repetitivos e obsessivos. Diferentemente da fuga, o mecanismo da racionalização pode deixar a pessoa com a ideia fixa em um problema.

Sabemos que, enquanto estivermos na Terra, vamos sempre nos deparar com questões a serem resolvidas. Como disse o profeta Elias, cada fase tem suas aflições, e podemos completar afirmando que, quanto mais expandida é a consciência, menor a aflição. Há pessoas que vivem constantemente aprisionadas na mente, na tentativa de estarem sempre solucionando algo, quando não para elas mesmas, para outros. Por outro lado, há aqueles que vivem em uma negação, como em um estado crônico de ingenuidade e se surpreendem com os fatos externos; como se o que acontecesse em suas vidas não tivesse nada a ver com eles. No mecanismo de fuga há uma rejeição da autorresponsabilidade, portanto, há tendência de acusar o outro, como o companheiro, a inveja, o clima, o amigo, o governo, os espíritos ou Deus pelo que lhe acontece. A realidade criada é sempre 100% resultante de contribuição da própria pessoa. Pode ser mais fácil querer modificar o externo, em vez de fazer as transformações internas necessárias, mas, de fato, não há alternativa. Quando não há o comprometimento total com a própria vida, sempre existe o risco de tornar-se refém de algo ou de alguém. A autorresponsabilidade nos liberta.

Os mecanismos de defesa, apesar de servirem para nos proteger, são comportamentos repetidos e estereotipados, criados pelo medo sentido pela nossa criança interna. Assim, não há nesse padrão a responsabilidade do eu adulto consciente, mas um domínio do aspecto infantil inconsciente. Dessa forma, diante do problema ou da crise, é comum o comportamento da fuga ou da racionalização ou de lançarmos mão de qualquer outra defesa. A pessoa pode também ter uma percepção distorcida da situação como se ela fosse sem saída; sensação que pode ser sentida pela criança interna. A percepção de estar sem saída pode ser uma repetição da sensação inconsciente vivenciada no momento do nascimento. É frequente o registro traumático de nascimento provocado pela dificuldade do bebê em encontrar a saída do útero.

Em tempos de crise ou de passagens na vida, o medo vivido pelo bebê pode reaparecer com o propósito de esse trauma ser elaborado e a energia nele aprisionada ser reintegrada ao todo. É comum, para muitas pessoas, sentirem-se em algumas situações como se não tivessem saída. Ao nos depararmos com esse tipo de situação angustiante, precisamos tranquilizar a criança interna, para que ela não tome conta de toda a consciência. Em situações de desespero, é a criança sem recursos internos para reagir que está atuando. Na infância, muitas vezes, não tínhamos escolha e alguma parte de nós pode continuar presa nesse sentimento, criando um padrão de vitimização. Quando acolhemos a criança interna amedrontada, podemos olhar para situação não mais com o olhar enviesado da criança, mas com a sabedoria do eu superior e com as possibilidades de recursos internos do eu adulto. O que sentimos diante de alguma situação é determinado pela parte de nós que a enxerga, não pelo fato em si.

Algumas pessoas, diante de situações desafiantes ou ameaçadoras, apresentam comportamentos regressivos. Como se voltando ao estado infantil pudessem encontrar uma mãe ou um pai que as protegessem ou que resolvessem o problema. Nesse padrão, há a espera que o outro dê a solução. Esperar que Deus resolva pode ser uma entrega do ser que, após assumir a responsabilidade e tomar todas as medidas necessárias e possíveis, deixa que o fluxo da energia se encarregue dos resultados, abrindo mão das expectativas. Entretanto, muitas vezes, quando a pessoa fica à espera que Deus ajude, não é uma entrega ao comando do eu superior, mas um pensamento mágico infantil que pode ser confundido com fé. A fé é proveniente da essência, enquanto a esperança mágica vem da criança.

Muitos acreditam que ter fé é crer que aconteça o melhor. No entanto, muitas vezes, a crença no melhor vem da personalidade limitada que não abarca a visão da totalidade, tampouco os verdadeiros anseios da alma. Acreditar no melhor pode vir do pensamento mágico infantil ou do ego exigente. Quando o Universo não devolve na mesma correspondência, vem a frustração, e a fé frágil e distorcida ainda pode ser abalada. Ter fé é estar na essência acreditando que as ressonâncias positivas são naturalmente atraídas, é abrir mão das expectativas do ego, reverenciando a vida como ela é. Não é uma aceitação pacífica proveniente da pseudo-humildade, mas uma entrega ao fluxo essencial do Universo.

A entrega decorre da integração. Quanto mais reconhecemos e integramos partes de nós mesmos, mais podemos desapegar da rigidez para abrir o fluxo da vida. Enrijecemos para termos a sensação interna de coesão. Esta alivia aparentemente o caos. É impossível liberar a rigidez apenas com a vontade da mente, pois ela nos protege do pânico e, para alguns, mais comprometidos emocionalmente, até da "loucura". A rigidez só pode ceder ao fluxo, diante da sensação interna de unificação das partes. Quando integramos podemos nos entregar. É nossa desafiante tarefa reconhecer nossas defesas para abrir o fluxo da entrega.

É importante termos consciência de que diante dos desafios não há somente a chance de utilizarmos mecanismos de defesa ou termos comportamentos regredidos, há muitas outras possibilidades. Quando integramos o eu adulto com o eu superior, sob o comando da essência, podemos nos desaprisionar de padrões repetitivos provenientes da criança ferida, do ego ou do eu inferior. Enquanto fugimos, regredimos ou buscamos respostas com a mente, estaremos sempre na repetição ou na frustração proveniente do não controle sobre a vida. As possibilidades satisfatórias somente podem ser encontradas na essência. A solução de um problema, por exemplo, é mais fácil de ser encontrada na meditação, na contemplação da natureza ou na respiração profunda, que na repetição da mente, fixada no ego. As saídas do ego podem ser enganosas. Às vezes, pensamos repetidamente em uma questão sem encontrar saída e, de repente, sem estarmos pensando no assunto, a resposta vem, porque ela veio da essência. Einstein, por exemplo, tinha muitas ideias e percepções olhando para as nuvens. É claro que a mente é fundamental para elaborarmos as percepções da alma, entretanto o lugar dela não é no comando. O ser percebe e a mente elabora. Os cientistas descobriram que o coração é nosso órgão de percepção que envia o comando para a mente. A mente, tão supervalorizada, na verdade é sempre a última a saber.

Enfim, todos os mecanismos de defesa que usamos no decorrer da vida nos foram úteis, porque eram esses os recursos que tínhamos disponíveis. No entanto, nossa tarefa é nos tornarmos cada vez mais conscientes das nossas defesas e de como rompemos com o fluxo natural da vida ao nos engancharmos em padrões repetitivos defensivos. É comum o padrão de nos defendermos das pessoas, da vida, do prazer e, muitas vezes, até do que mais desejamos. Quanto mais acolhemos e transformamos nossas defesas, mais o fluxo da essência se abre. Nossa tarefa é dissolver nossas defesas para abrirmos campo para os nossos verdadeiros propósitos, permanecendo apenas com aquelas que são saudáveis, que nos protegem. Mas somente podemos estar menos defendidos quando estamos bem em nossa base de segurança. Esta inclui também o fortalecimento do ego. É um aparente paradoxo, pois o ego precisa estar fortalecido para nos sentirmos seguros, mas ao mesmo tempo é para proteger o ego que recriamos as defesas da infância. A questão é termos um ego forte, mas não enrijecido.

O ego nos serve como uma camada protetora. A partir do momento em que começamos a conviver com pessoas, já começamos a formá-lo. Quando absorvemos as primeiras regras, começamos a estabelecer um limite entre o eu e o outro. Primeiramente, tínhamos um ego rudimentar e, à medida que nos apropriamos do eu adulto e ampliamos a nossa inserção ao meio social, vamos fortalecendo essa instância de nossa personalidade. Uma das funções do ego é proteger a nossa criança interna, frágil e vulnerável. A partir dos 7 anos, o fortalecimento do ego se intensifica. Na adolescência ocorre o ápice da percepção de si mesmo, separado do outro. Embora o senso de identidade não esteja muito fortalecido, o adolescente esforça-se para mostrar-se individual. Por isso há nessa fase a necessidade de grupos, na intenção de uma referência, a fim de se autoidentificar. Há um movimento aparentemente paradoxal, pois, enquanto busca referências grupais para saber quem ele é, ao mesmo tempo o adolescente procura mostrar-se diferente, como uma forma de apropriar-se do eu. Nessa fase, as manifestações egoicas, tais como: a vaidade, o egocentrismo, a arrogância, o sentimento de superioridade, entre outras, surgem como consequência de um esforço para o adolescente estabelecer seu senso de individualidade. Muitas vezes, os pais, por não possuírem uma estima e um amor incondicional por si, projetam nos filhos a própria vulnerabilidade.

Dessa forma, podem apoiar e incentivar as manifestações egocêntricas e o complexo de superioridade dos filhos. É comum os pais afirmarem para o filho que ele é o melhor. Este posicionamento não fornece uma estima legítima para o filho. Ao contrário, cria uma cobrança pelo inatingível e um consequente senso de incapacidade em razão da busca incessante de ser o melhor. Essa inferioridade é mascarada por um enrijecimento ainda maior do ego e pelo fortalecimento de um senso de superioridade. Na verdade, o sentimento de superioridade sempre mascara uma sensação de incapacidade. Diante das manifestações das distorções egoicas do filho, os pais podem ter um comportamento oposto, reprimindo a vaidade, o egocentrismo, ou qualquer outra expressão de supervalorização dele. Isso pode acontecer quando um dos pais deseja que o filho seja com 13, 14 anos íntegro, ético e adulto. Entretanto, não é com a repressão ao ego do filho que os pais facilitarão que ele expresse a sua essência. Pois, quando um dos pais tenta reprimir o ego distorcido, o filho pode por reatividade fortalecê-lo ainda mais.

Incentivar ou reprimir o ego são duas atitudes que tendem a bloquear a expressão da essência. É preciso muita flexibilidade e sabedoria dos pais para passar pela adolescência dos filhos sem compactuar com as suas dissonâncias, sem reprimi-las e sem congelá-los em uma posição: o meu filho é um delinquente ou meu filho é o máximo ou a minha filha é egoísta. É um grande treinamento para os pais ou criadores enxergar as dissonâncias dos filhos ou alunos, mas não devem fixar o olhar na distorção, percebendo-os sempre na essência deles, embora grande parte dela ainda não esteja sendo manifestada. É uma lei física, criamos aquilo que colocamos a intenção e o modo que enxergamos forma uma intencionalidade inconsciente. Assim, as pessoas tendem a manifestar aquilo que vemos nelas. Enfim, na adolescência, os pais têm a delicada tarefa de sustentar o fortalecimento do ego dos filhos, sem deixá-los com egos inflados ou fragilizados.

Quando um dos pais não reconhece as realizações do filho ou desqualifica seus feitos, este pode ou criar um ego fraco ou criar um ego inflado. Quando o ego é frágil, há uma sensação de incapacidade e um medo crônico da vida, uma desconfiança das próprias capacidades, das pessoas e do mundo. Quando o ego é frágil, não há uma total apropriação do eu. O sentido do eu mistura-se com o que os outros afirmam dele. É claro que, dessa forma, a opinião do outro é supervalorizada. O poder está mais fora que dentro. Essas pessoas tendem mais a serem escolhidas que escolherem e, muitas vezes, têm dificuldade de sustentar as próprias escolhas. A tarefa de quem possui o ego fragilizado é recolher todos os bastões da própria vida que foram depositados nas mãos dos outros e fazer um processo de autorreconhecimento a partir da própria essência. Essas pessoas em terapia, no primeiro momento, até encontrarem um equilíbrio, podem manifestar comportamentos de ego inflado, podem tornar-se mais egoístas ou egocêntricas. É uma forma de apropriar-se do eu, que foi cindido em partes e entregue às pessoas ou às circunstâncias. Quando o ego é fraco, uma situação desafiante ou uma crise leva o indivíduo a perder parte de sua energia. O comportamento inflado pode ser uma forma de resgatar o eu anteriormente enfraquecido.

Por entregar o poder ao externo, essa pessoa tende a se identificar com o drama. Quando não somos apropriados do eu, há acontecimentos que são vistos como dramáticos. Pois, nesta dinâmica, ela não enxerga que a própria essência está acima dos fatos, sente como se pudesse perder parte de si mesma diante da dor ou do caos. Como a vida não vem em linha reta, mas com constantes desafios, diante das circunstâncias, essas pessoas tendem a perder um pouco de sua energia, afastando-se cada vez mais da sua própria essência. Há diversos fatores que criam um ego fragilizado, não apenas o não reconhecimento de um dos pais. No geral, os traumas que ocorrem na fase uterina, nos primeiros meses de vida, na infância ou na adolescência podem deixar o indivíduo desprovido do sentido do próprio eu. Já o ego inflado, ou seja, uma supervalorização de si mesmo, pode ser causado pela falta de reconhecimento dos pais. Como uma forma de sobrevivência emocional, o filho identifica-se com a superioridade, enaltecendo o padrão de ter de ser especial.

O ego rígido, no qual o indivíduo acredita ter o controle sobre si mesmo, sobre os outros e sobre a própria vida, pode ter sido criado por traumas, pela repressão ou cobrança excessiva dos pais. Outra forma que pode criar o ego rígido é quando um dos pais ou ambos são relapsos com a própria vida, displicentes, ou não estão muito presentes na realidade física. Quando os pais são lunáticos ou vivem na ilusão, o filho pode identificar-se com a ausência deles, tornando-se afastado do corpo físico, ou pode enrijecer-se, buscando uma identificação com o mundo material, como forma de resgatar o controle, pois seu registro interno quando criança é de que ele não poderia confiar plenamente no mundo adulto. Há uma grande possibilidade de pais relapsos terem filhos obsessivos.

Quando o ego se torna enrijecido, o indivíduo tende a conduzir a sua própria vida com controle, podendo abafar qualidades da essência, tais como: espontaneidade, criatividade, alegria, prazer, entre outras. Um dos maiores temores do ego rígido é passar vergonha. No processo de terapia, quando o rígido começa a se soltar na vida e se mostrar para o mundo, ele pode ter, algumas vezes, a sensação de ser ridículo, de ser bobo. É claro que a vergonha é sempre uma distorção na forma de enxergar a realidade. Apegar-se a ela é um modo de manter o enrijecimento. Entretanto, o apego à vergonha tem um preço muito alto.

O medo de mostrar a essência, falar em público, de expressar o afeto, de manifestar quem se é, é uma dor crônica. A "dor" causada, quando enfrentamos nossos medos e abrimos mão da perfeita apresentação, é infinitamente menor que a dor crônica proveniente da reclusão da própria essência. "Passar vergonha", "errar publicamente", não ser aplaudido são grandes êxitos para o ego rígido que está prestes a libertar o fluxo da essência. Quando somos rígidos, enxergamos intenção hostil vinda do outro, como o medo de sermos criticados. Dessa forma, manter a rigidez é nos mantermos afastados do outro e da totalidade. A rigidez rompe com o fluxo espontâneo do afeto, empobrecendo e artificializando as relações. Quando o ego rígido se liberta, a vida não é mais encarada como um cumprimento crônico de tarefas mecânicas, mas é saboreada e sentida nos pequenos atos do cotidiano.

O rígido, em um primeiro momento, precisa perder as próprias referências, perceber-se sem chão ou sentir-se bobo. Ser bobo, mas ser feliz, faz muito sentido para um rígido transformado. O medo de serem feitas de bobas impede, muitas pessoas, de seguir o caminho do coração, assim como o temor à não reciprocidade do outro. A dor da decepção quando nos abrimos para alguém e não somos correspondidos, como gostaria a nossa criança interna, também é infinitamente menor que a dor crônica causada pelo abafamento da expressão da essência. Se todos viemos com o propósito coletivo de manifestar amor, precisamos sempre arriscar a abertura do coração a todos. Quando alguém abafa a manifestação afetiva do outro por repressão, ciúme ou inveja, está colaborando com a civilização do ego sobre a essência.

Quanto mais liberamos o controle doentio, mais caminhamos para a sustentação da quarta dimensão na Terra. A sensação de vazio proveniente da perda de controle é angustiante, mas ela é apenas uma fase necessária em direção à essência. As pessoas com o ego enrijecido tendem a buscar bases aparentemente sólidas para compensar uma insegurança interna. Podem passar anos mantendo as mesmas atividades, sem inovar. Pode fazer parte do nosso propósito de vida, por exemplo, termos um trabalho ou um casamento que dure anos ou a vida inteira; entretanto, se não houver renovação e transformação dentro do mesmo trabalho ou do mesmo vínculo afetivo, o prazer se esgota e a realização pode ser questionada. O ego rígido receita a mudança por temer a perda. Bases sólidas não são bases rígidas. Um relacionamento de algumas semanas pode ter mais solidificação que um casamento de anos. Qualquer relacionamento, atividade ou construção são sólidos quando nascem do propósito da essência. Se há essência, há base. Se há compromisso mais aos padrões sociais que à própria alma, então a estrutura aparentemente sólida é apenas uma máscara. É muito doloroso quando nos deparamos em nossas vidas com estruturas falidas. A falência é sempre a ausência do propósito da alma. O sucesso pode, muitas vezes, não ser encontrado nos grandes impérios; somente cada pessoa pode saber no profundo do seu âmago o que é verdadeiro e o que é falso na sua própria vida. O que é falso é falência e o que é verdadeiro, no sentido de estar ressonante com a essência, é o sucesso. Os olhos identificados com a matéria e com o apego enxergam tudo distorcidamente.

Precisamos enxergar com os olhos do espírito para reavaliarmos nossas construções. É claro que é necessário coragem para se enxergar, pois, se nos olharmos, teremos de nos desapegar, porque em alguma área de nossas vidas ou em algum contexto muitas vezes somos desonestos. Quando somos honrados para nos deparar com nossas máscaras, ilusões ou mentiras, não conseguimos seguir adiante com o coração tranquilo, ao menos que façamos as mudanças necessárias. O coração que na mentira estava anestesiado, depois da retirada do véu da ilusão, torna-se intranquilo. Por isso que a autodescoberta é um caminho sem volta. E o desapego é proporcional ao encontro do ser. Quanto mais nos desapegamos de referências externas, padrões distorcidos, vícios emocionais ou qualquer forma de dependência, mais caminhamos para a essência. A dependência a pessoas, papéis sociais, matéria, padrões emocionais, entre outras, sempre mascara a conexão com a nossa própria luz. Por não haver confiança na própria essência e por já ter ceifado no decorrer da vida a estima natural, o indivíduo faz dependências para um aparente alívio de suas emoções.

Tanto o ego rígido e o ego inflado quanto o enfraquecido, podem manifestar a dependência. O ego rígido tende a se apegar ao que está sob controle; o inflado, às suas máscaras e ao distorcido poder; e o enfraquecido acredita que a nutrição vem dos outros. Toda forma de dependência cria um medo crônico. O rígido teme o caos, mas é justamente quando vem o desequilíbrio que ele pode se reconectar com a própria essência. O ego inflado teme o fracasso, a vergonha, a perda de uma posição, mas é justamente quando o ego é ferido que é possível desfazer as falsas construções. O ego enfraquecido teme qualquer forma de falta. Mas é justamente no vazio da falta que ele pode se redirecionar à essência e fazer suas próprias construções, com propósito e independência. O ego enfraquecido pode buscar nutrir-se sempre com o afeto do outro, que é uma armadilha para a falta. Não há a consciência de que a própria companhia é a única e de que pode suprir-se incondicionalmente. Muitas vezes, aquilo que o ego mais teme é o que melhor seria para o caminho à luz. O que a personalidade receia pode ser aquilo que a alma mais almeja. O que mais tememos que aconteça, muitas vezes, é o que pode nos libertar.

O importante é termos consciência de que qualquer forma de desapego pode gerar uma dor temporária. Na verdade, a vida vai sempre pedir desapegos para a nossa religação com a essência. Entretanto, as primeiras desidentificações são sempre as mais dolorosas. Diante das transformações, vamos fortalecendo nossa sabedoria natural e o que há tempos seria um drama, no momento em que estamos alinhados com a essência, pode ser apenas mais uma passagem da vida.

Enfim, o desapego é o caminho para o ego rígido flexibilizar-se, para o ego inflado encontrar o seu valor real e para o ego enfraquecido fortalecer-se. É importante esclarecer que a maior parte das pessoas não possui apenas uma estrutura egoica, mas uma combinação, rígido-inflado, rígido-enfraquecido ou oscilações entre o enfraquecido e o inflado. Muitas vezes, em alguma área da vida, ou com determinadas pessoas, apresentamos um ou outro aspecto egoico. O caminho é termos um ego forte para nos apropriar de nossa identidade. O ego forte nos traz estrutura, desde que não nos fixemos nele, porque, quando nos apegamos, deixamos nossas construções tornarem-se bloqueios ao fluxo da vida. Se paralisamos a energia como na rigidez, se nos apegamos a uma superautoimagem como no ego inflado ou se expressamos bem menos do que somos como no ego fraco, é porque esses padrões que criamos para moldar a nossa vida foram o melhor que pudemos fazer por nós mesmos de acordo com a nossa consciência e com nossos recursos internos, até o presente momento.

Nossas defesas podem ter sido, até certo ponto, nossas aliadas, mas, quando na vida adulta permanecemos identificados com elas, estas podem ser obstáculos. Quanto maiores nossas defesas e impregnações, mais restringimos nossa capacidade de cumprirmos os nossos propósitos, pois mais nos afastamos de nossos recursos internos. O caminho para a manifestação da essência é o enfraquecimento das defesas e, ao mesmo tempo, quanto mais expressamos a essência, menos precisamos nos defender.

Capítulo 17

Sustentando a Expressão do Ser

A terceira dimensão traz o padrão vibratório da estruturação. Passamos por um poderoso processo de formação e ordem para construirmos a civilização. A disciplina, as regras e a rigidez para mantermos os aspectos instintivos sob o domínio egoico foram necessárias para chegarmos até este momento planetário. O preço pago por esse desenvolvimento nos custou algumas desconexões, pois nos desconectamos do sensorial, de nossa primitividade, das orientações provenientes de nosso xamã interior e de muitos outros aspectos da essência a fim de seguirmos orientações externas. Esse processo de desobediência ao ser interior para a obediência às consignas sociais foi a base para a formação da civilização atual. Esses alicerces poderiam estar presentes sem deceparmos as sensações, sem termos distorcido o prazer, sem a culpa como diretriz ou sem a desconexão com o ser essencial? O fato é que, independentemente dos prejuízos que tivemos para esta construção, foi assim.

Agora não importa o que foi feito, mas o que podemos fazer desse feito. As ordens e as regras que introjetamos se encontram energeticamente em nosso terceiro triângulo. A rigidez de muitas pessoas para manterem o abdômen firme sem nenhuma gordura, mas também com pouca energia vital, é bem representativa dessas ordens tiranas que se encontram no plexo solar. O que importa agora é nos desconectarmos das regras internalizadas que nos oprimem para nos conectarmos apenas com as regras absorvidas, que nos guiam em direção às realizações de nossos propósitos. Agora temos a opção de escolhermos continuar sendo representantes da tirania para nós mesmos e para os outros, ou fazer um uso criativo do que fizeram de nós, com a nossa participação ativa. Podemos lançar mão das regras e ordens para a construção e não para a opressão. A verdadeira disciplina é ser discípulo de si mesmo. Estamos aqui para integrar estrutura e criatividade. Não importa o que aconteceu ou o que acontece, mas como podemos agora dar novas respostas, mais criativas e livres, para continuarmos a construção.

A fábula "A Cigarra e a Formiga", de La Fontaine, foi um ícone da terceira dimensão, em que foi retratada a supervalorização da disciplina e do trabalho, representados pela formiga, e o ostracismo do prazer, representado pela cigarra. Grande parte da cultura mundial, no século XX, estava a serviço da separação e da dominação. Hoje, rumo à quinta dimensão, sabemos que precisamos tanto da formiga quanto da cigarra. Que vida bem chata se fôssemos somente formiga: trabalhando, produzindo e estruturando. Por outro lado, há rebeldes que estão identificados com a cigarra. É um grande equívoco acreditar que para viver o prazer não precisamos de estrutura. Do mesmo modo, não é verdade que trabalho e processo estrutural são desprazerosos. Muitos, por estarem conectados com essa crença, atraem trabalhos enfadonhos e desestimulantes. Podemos integrar a ordem com a leveza, a disciplina com a fluidez, a construção com a alegria, o trabalho com o prazer, o poder com o amor, a força com a música, a formiga com a cigarra.

As instituições escolares ainda estão, em sua maioria, reforçando a formiga e negando a cigarra. A educação forma para a ordem, não para o ser. Mas o que acontece com aqueles alunos que são mais afinados com a cigarra, com muita criatividade, com fortes anseios de expressão, com dons musicais, talentos para a percepção mais abstrata que concreta, habilidades relacionais, mais conectados com o sensorial do que com o mental, entre outros atributos da essência? É provável que não se saiam bem em termos de desempenho na fase escolar. O modelo escolar cartesiano e linear está defasado para aqueles que se encontram mais conectados com o mundo interno e com anseios da alma do que com a demanda externa. Esses anseios, quando reprimidos, se manifestam como ansiedade, inquietação, indisciplina, entre outros. Já há novos modelos de educação que servem mais ao ser que à ordem, mas temos um longo processo para criarmos novas formas de atender às diferenças, não só em termos de educação, mas também em todas as áreas. O fato é que, na terceira dimensão, era reforçado que todos fossem iguais. Essa concepção, com efeito, foi uma distorção da unicidade, na qual realmente somos todos iguais.

Somos iguais no plano espiritual superior, mas no nível da manifestação da personalidade somos diferentes, porque temos tarefas de vida distintas. No nível espiritual somos um, mas, no nível físico, precisamos de uma delimitação que nos garanta o nosso espaço e as nossas idiossincrasias. Na quarta dimensão há uma nova consciência de que é preciso respeitar as diferenças. Embora sejamos um, temos individualidade. Se esta não for levada em conta, alienamo-nos de nós mesmos e rompemos com a possibilidade de sermos um com o outro em um nível mais elevado. Na verdade, quanto mais nos apropriamos de nossa espontaneidade, de nossas esquisitices e estranhezas, quero dizer, da nossa diferença, mais nos aproximamos da igualdade com o outro. Quanto maior é a apropriação do meu eu, mais aumenta o padrão vibratório do meu campo e mais esse padrão se aproxima da vibração da luz, aumentando assim a possibilidade de interligação com o todo. Enquanto nos esforçamos para sermos iguais, mais aumentamos a separação. Quando somos quem somos, por estarmos vibrando em alta frequência, podemos nos ligar com a essência das pessoas e não com suas sombras. Dessa forma, formamos conexões mais harmoniosas e amorosas com os demais.

Assim, ao rejeitarmos qualquer aspecto de nós mesmos ou reprimirmos manifestações não apreciadas pelo social, mas que são legítimas para a essência, já estamos negando quem somos e fechando as portas da unicidade. O um é composto das diferenças assumidas e interligadas como no corpo humano. Todos os órgãos trabalham a serviço do um. Como seria se o fígado quisesse ser o coração? O câncer se desenvolve a partir de uma célula que não assumiu o seu lugar. Assim, quando queremos ser iguais, estamos contribuindo para a desorganização da totalidade. A igualdade se faz na composição harmoniosa das diferenças. A ordem social necessitou da equalização para sustentar a civilização. Entretanto, a ordem espiritual requer que cada qual ocupe seu lugar, expressando a sua diferença. Na terceira dimensão formamos uma sociedade em quadrado, em que a ordem era a principal diretriz. Na quarta dimensão estamos formando uma sociedade circular, na qual a tendência é seguirmos menos modelos externos, expressando mais fidelidade à essência e, por extensão, maior respeito às diferenças.

Nesta nova civilização que está se formando, em que há mais espaço para o ser essencial se expressar, o medo de ser esquisito, a vergonha de ser diferente ou de ter gostos distintos vão diminuindo a sua força. A essência pulsa clamando à personalidade: "Você não precisa se esforçar para ser igual, apenas expresse quem você é". Essa expressão, mesmo que seja desaprovada, criticada ou marginalizada, se é proveniente do ser, é uma pedra preciosa que não pode ser depreciada ou contida. A forma de falar, o jeito de cantar ou de dançar, o modo de se relacionar, os gostos, os feitos, precisam estar sob o comando da essência. Há pessoas que pagam um alto preço por manifestarem a sua diferença. Elas estão abrindo o caminho para a liberdade. Podemos ser livres porque já temos estrutura. É uma falsa crença que a liberdade pode trazer o caos. É o medo desse caos interno que leva parte das pessoas a ainda estar aprisionada no padrão de condenação às diferenças.

Podemos ter a tranquilidade de saber que qualquer crítica que possamos receber é sempre uma projeção do medo do crítico. O fato é que não podemos mais fechar os braços ao que rejeitamos em nós e nos outros. Esta parte de nós mesmos que achamos esquisita talvez seja a mais valiosa da nossa essência. É provável que a pessoa que se ache ou se sinta estranha tenha vindo com o propósito da diferença, a fim de despertar os demais para as próprias estranhezas. Assim, o medo de ser ridículo não pode abafar o ser essencial. É preciso receber tudo que temos e abrir o que foi fechado. Quando éramos crianças, precisávamos copiar nossos pais para nossa sobrevivência emocional. Na adolescência, foi necessário nos modelarmos a alguns grupos; para a sobrevivência social, talvez tivéssemos de renunciar a alguns anseios do ser. E agora, como adultos conscientes, podemos continuar escolhendo como crianças e adolescentes ou temos o poder de privilegiarmos a verdade da nossa essência.

Só podemos viver na unidade se assumimos a nossa própria diferença. Se não nos apropriamos das nossas partes, vamos projetá-las em outros, na intenção de excluí-las para não olharmos para nós mesmos. De nada adianta sabermos que devemos amar o próximo como a nós mesmos, se não conhecemos, não honramos nem amamos todas as nossas próprias partes. Desse modo, muitos precisam de um esforço para não odiar, para não querer eliminar no outro o que é incômodo. As religiões cumpriram o seu propósito de doutrinar para que o amor se sobressaísse ao ódio, embora o alicerce da maior parte delas esteja mais nas distorções do poder do que no amor. Entretanto, se nos amamos integralmente, abarcando e expressando tudo o que somos, amar o outro passa a ser completamente natural. É por isso que os ensinamentos de Jesus não distorcidos, que foram preservados pelos primeiros gnósticos, tinham por intenção levar o indivíduo para dentro de si, para o autoconhecimento, pois é neste lugar que o amor pode despontar livremente.

Quanto mais somos quem somos e nos expressamos no mundo, mais naturalmente nosso centro cardíaco se abre para reconhecer o ser do outro. É tão simples e óbvio ser quem se é, mas não é fácil. Uma árvore é uma árvore e não pode ser outra coisa, assim como um pássaro ou um elemento do reino mineral. Entretanto, o homem, que possui livre-arbítrio, tem como tarefa de vida lembrar quem é e manifestar-se no mundo a partir desta verdade. O humano quando ainda está em processo de formação no ventre já é bombardeado por uma série de consignas e expectativas. Algumas delas podem ser de fato ressonantes com a essência do bebê, confirmando desde o início quem ele é. Contudo, dificilmente os pais estão de fato na essência, em profunda conexão com o seu ser e com o ser do bebê para sentir ou saber que qualidades essenciais ele está vindo expressar no mundo. A maior parte das consignas e expectativas é proveniente do ego dos pais, pois é neste lugar que a maioria das pessoas se encontra. Cada expectativa que se faz sobre o filho, quer ele esteja no ventre quer seja criança ou adolescente, provavelmente será uma pequena contribuição para que este se afaste cada vez mais de quem ele é. Expectativas, tais como: será um grande homem, será médico, advogado ou qualquer outra profissão; será uma pessoa de sucesso, dará continuidade ao trabalho dos pais, será um ser iluminado, será tão bonita quanto a mãe ou tão poderoso quanto o pai, todas são intenções egoicas que provavelmente dizem mais respeito às frustrações ou ao narcisismo dos próprios pais.

A única intenção legítima que um pai ou uma mãe pode ter sobre um filho é que ele seja quem ele é. Afinal, essa é a única possibilidade de que ele seja realmente feliz. Então, antes de depositar expectativas egoicas ou egocêntricas, seria interessante que os pais se perguntassem: quero um filho para mostrar como sou bom para o social ou eu quero um filho feliz? É claro que, ao criar essas expectativas, os pais não têm consciência de que estão prejudicando a integridade de seus filhos, entendendo-se por "íntegro" ser quem se é. Os pais acreditam que, ao depositar as expectativas, de fato, estão intencionando o melhor para os filhos, mas é um grande autoengano. Qualquer que seja a idade do filho, é importante que os pais revejam suas expectativas conscientes ou inconscientes que têm ou que tiveram sobre ele. É muito curador para o pai ou para a mãe fazer um ritual de perdão e liberação das intenções depositadas. Esse trabalho libera um grande peso para as duas partes. E para quem é filho(a), o importante é fazer um longo e profundo mergulho em si mesmo(a) para ir separando, cada vez mais, o que foi esperado daquilo que se é.

Então, assim que nascemos, já entramos no mundo alienados de nós mesmos. Na escolha do nome, podemos nos alienar mais um pouco, dependendo da expectativa que foi colocada nessa escolha. Mas se o pai ou a mãe estão conectados com a essência do(a) filho(a), o nome pode ser uma representação da expressão da essência desse(a) filho(a).

No início da vida, a criança tem uma sensação interna de fragmentação, algo fisiológico, pois partes importantes de proteção física ainda estão em desenvolvimento, como a bainha de mielina, que é uma película responsável pela aceleração dos impulsos nervosos. A incompletude física traz uma sensação de desproteção. Para sair dessa sensação, a criança precisa fazer identificações com o meio externo, ou seja, passa a construir referências sobre si com base no que os pais ou próximos afirmam que ela seja.

Essas referências aliviam a sensação de desproteção fisiológica da criança. Assim, construímos a nossa identidade com base em uma referência externa, e vamos ao longo da vida encontrando pessoas e circunstâncias que reforçam essa identidade. A adolescência é uma boa oportunidade de relembrarmos quem somos. Nesse momento é comum surgir um impulso de conexão com o ser essencial. Por entrar em choque com o sistema interno que foi absorvido pelo meio externo, esse anseio de expressão da essência distorcido pode se manifestar de forma enviesada ou caótica. Por consequência, essa manifestação atrai uma repreensão do mundo externo. É comum os adolescentes, por ainda não terem uma base sólida de sustentação, cederem à pressão exterior, abafando a expressão do ser. De forma distorcida, o adolescente também pode ficar identificado com a rebeldia e perder a conexão mais profunda com a essência, fixando-se em um rebelar-se ilegítimo. Ao reprimir os anseios da essência, criam-se sentimentos de vergonha, culpa e medo, que terão a tendência de se repetirem no decorrer da vida, a fim de manter abafada a expressão divina.

Sempre que experienciamos um desses sentimentos, é um aviso de que não estamos sendo quem somos ou que a vida está pedindo para irmos além. Todavia, esses anseios, mesmo abafados, possuem uma força incansável e infinita para se manifestarem. Então, a dificuldade de olhar para o verdadeiro anseio, por medo de desordenar a ordem interna estabelecida, transforma essa energia em ansiedade. Para sair do incômodo provocado pela ansiedade, o indivíduo busca meios para aliviá-la. A codependência, comportamentos obsessivos ou repetitivos, a fuga por meio de drogas ou do sexo, enfim, qualquer identificação excessiva com algum papel profissional, pessoal ou familiar é uma forma de autoengano para aplacar a ansiedade. As falsas identificações fazem o indivíduo acreditar que é isto ou aquilo, quando, na verdade, está apenas aumentando ainda mais a distância de si mesmo.

Após a adolescência, a cada seis ou sete anos, que na astrologia corresponde ao retorno de Saturno, ou seja, quando esse planeta volta a fazer aspecto com ele mesmo, é uma oportunidade de reavaliarmos se estamos sendo quem somos ou se estamos apenas repetindo o que nossos pais, ancestrais ou a sociedade fizeram. É claro que há caminhos que foram percorridos por nossos ancestrais que podemos também percorrer, porque esta é a verdade da nossa essência. Mas a questão é verificar quão autêntico está sendo esse caminho. Há pessoas que percebem Saturno como um planeta de sofrimento. Contudo, ele só traz dor quando algo na vida não está expressando a verdade do nosso ser. A casa astrológica em que Saturno se encontra abriga o aprendizado de sermos verdadeiros, caso contrário o sofrimento é incessante. Ele é o pai da verdade; então, quando retorna para fazer determinados aspectos com ele mesmo, algumas pessoas podem atrair situações dolorosas, cair em depressão ou isolamento ou fazer um uso criativo dessa energia e checar se as suas escolhas na vida estão correspondendo à sua verdade.

Não há escolha: ou a coragem de olhar para si mesmo ou a dor; ou ativamos nosso guerreiro interior ou nos identificamos com o sofredor. Sabendo que temos de olhar para quem somos e expressar essa verdade no mundo mais cedo ou mais tarde, ainda que seja em outra existência; negar esse passo só prolonga o sofrimento. É mais sábio passar pelo incômodo da desestruturação e pela dor emocional, proveniente do desapego a falsas crenças, que eram confortáveis, desprendendo-se das máscaras e das ilusões; não importa quanto trabalho isso possa dar ou quanto tempo isto leve. A compensação é saber que à medida que ficamos livres dos padrões dissonantes, mais nosso coração se alegra. Então, mesmo passando pelo caos, pela dor emocional, pelo luto da nossa antiga autoimagem, um lugar dentro de nós pode estar muito feliz, pois saímos da dor espiritual, que acontece cronicamente, quando negamos quem somos. A questão principal é que a maior parte das pessoas não sabe que não está sendo ela mesma. A dor emocional, que decorre da necessidade de reajustes, é passageira, mas a dor espiritual é persistente e, por ser mais fortemente negada, pode ser mais difícil de ser curada.

Assim, por volta dos 21 anos, 35, 42, 49, 56, 63, 70, e assim por diante, são momentos propícios para reavaliação. É claro que a vida traz constante e diariamente oportunidades para nos olharmos e fazermos as mudanças necessárias em direção ao ser. Cada sofrimento ou obstáculo, desde os mais leves até os mais trágicos, são chamados da vida para nos olharmos e para sermos um pouco mais quem somos. Não é que o sofrimento traga evolução, isso depende do uso criativo e das alterações perceptivas que podemos fazer diante dele. Muitas vezes, os benefícios que colhemos após uma dor podem ser inconscientes, mas sem percebermos em algum momento nos tornamos mais sábios e mais fortes. No entanto, há aqueles que apenas vão fortalecendo os traumas, reforçando a identificação com o sofrimento e a crença de que a vida é difícil e dolorosa. Mas mesmo esses um dia irão despertar para a expressão da essência. Claro que todos nós passaremos por esse despertar. É uma escolha se isso levará alguns anos ou alguns milênios.

Muitas vezes, o impulso do ser, que surgiu com mais força na adolescência, aparece de novo. Temos, portanto, uma nova oportunidade de legitimar nossa autenticidade. E novamente os anseios da alma podem ser reconhecidos e acolhidos para serem manifestados na vida prática ou podem ser reprimidos ou distorcidos. Um exemplo dessa distorção seria a pessoa na vida adulta, ou até mesmo na velhice, passar a manifestar reações e comportamentos adolescentes. Essa também pode ser uma passagem para a reconexão com o ser. Assim, após a crise adolescente, o eu adulto percebe que sua existência insatisfatória não combina mais com a sua verdade. Contanto que o indivíduo não fique identificado com a passagem, permanecendo permanentemente no padrão adolescente, a rebeldia pode ser reflexo do ser oprimido, que não suporta mais se esconder. Entretanto, a rebeldia que aparece mais tarde na vida geralmente está mais a serviço da negação da própria realidade que da reconstrução rumo à essência.

Enfim, nossa tarefa na vida é apenas ser. Isso é muito simples, mas totalmente desafiante. Enquanto estamos encarnados é porque temos mais que descobrir de nós mesmos para ser manifestado. Este é o processo infinito da vida. Cada encarnação é uma passagem para a essência. Em cada existência, temos a tarefa de expressar uma parte do divino que escolhemos, até que chegaremos ao momento de expressarmos a totalidade e, neste ponto, a nossa consciência individual será a mesma que a coletiva, não haverá mais separação. E quando todos tiverem chegado a este ponto, novas criações serão feitas. Afinal, o Universo é eternamente inacabado e o tempo, inexistente.

Capítulo 18

Integrando as Partes

Na terceira dimensão, grande parte dos paradigmas intencionou o fortalecimento do ego, da razão, do mecanicismo, da fragmentação e da dualidade. A supervalorização do nível mental possibilitou o afastamento da relação do homem com o corpo físico e com o nível espiritual. As sensações corporais são pouco reconhecidas, identificadas e honradas. A respeito da alimentação, por exemplo, é comum em nossa cultura não haver uma relação de respeito ao que o eu corporal necessita. Muitas vezes, o eu criança ou carente ou qualquer outra parte de nós, até mesmo o ego, é que pode estar no comando da alimentação. É importante, em determinados momentos, alegrarmos a criança interna satisfazendo o seu desejo, mas não deixar que seja o dirigente das escolhas. Quando estamos, de fato, presentes em nosso corpo físico, temos o discernimento de saber quais alimentos nos trazem benefícios e quais estão incompatíveis com a nossa energia. Para isso, não precisamos seguir regras ou orientações externas do que devemos ou não ingerir.

O nosso eu corporal sabe intuitivamente do que necessitamos. Há aqueles, por exemplo, que precisam de muita água, outros de menos. Assim como a carne, caso não haja uma incompatibilidade proveniente do tipo sanguíneo, algumas pessoas a repelem porque têm uma rejeição ao mundo físico. A anemia proveniente da falta de ferro, embora este também esteja presente nos vegetais, é, muitas vezes, um sinal de negação ao enraizamento da energia na Terra, por isso ocorre a perda da vitalidade. Optar por ser vegetariano para alguns é uma resistência a estar na Terra. Assim como o excesso de carne pode ser uma resistência à conexão com níveis mais sutis. O ser mais desenraizado precisa de carne e, em momentos da vida em que nos desenraizamos mais, essa necessidade pode aumentar. Cada caso é único, por isso regras alimentares violam a integridade do ser. Só o próprio eu corporal, aliado à essência, sabe de suas necessidades nutricionais. Assim como o chocolate, o café ou até mesmo a carne de porco, tudo tem um propósito e podemos saber quando precisamos trazer a energia desses alimentos para o nosso campo.

Comer sem culpa e no campo da gratidão é uma forma de honrar o propósito do animal que nos serve para a alimentação. O estado de reverência faz com que o que foi ingerido seja mais bem recebido também pelo aparelho digestivo, possibilitando maior absorção das propriedades e diminuindo a atuação das toxinas. Para algumas tribos primitivas e para aqueles mais conectados com a quarta dimensão, a refeição é um ato sagrado, em que não se nutre somente o corpo físico, mas o campo energético, ingerindo intencionalmente a energia do alimento. O excesso de carne, as compulsões, os vícios de rodízio e os desperdícios denotam uma desconexão com o corpo físico, padrão distorcido da terceira dimensão.

Ao mesmo tempo que a humanidade vem caminhando para padrões cada vez mais elevados de consciência, os paradigmas na terceira dimensão levam o indivíduo a um maior afastamento do seu eu corporal. É comum também o entorpecimento do mundo físico, não só por meio de excessos alimentares, mas também de remédios, drogas, desconexões sexuais, programas de televisão que hipnotizam e projetam para o inconsciente formas vibracionais destrutivas ou dramáticas. Adormecer ouvindo TV ou rádio é uma forma de estar permitindo a entrada de consignas sem filtro. Por meio do que ouvimos ou lemos, constantemente corremos o risco de nos carregarmos de mensagens incompatíveis com a nossa essência, tais como campos de agressão, rejeição, medos, entre outros que nos bombardeiam constantemente. Quando enxergamos ou ouvimos o que não é compatível com o ser, precisamos respirar na conexão com a essência, estando atentos para não nos engancharmos em campos dissonantes. Temos oportunidade de treinamento diariamente.

Quando nos conectamos com um campo de padrão vibratório inferior ao nosso, precisamos, intencionalmente, elevar nosso campo para um padrão ainda mais elevado. Isso pode ser feito com a simples intenção e respiração, a qualquer hora e em qualquer lugar. Na conexão com a nossa luz, podemos liberar as dissonâncias absorvidas. Muitas vezes, recebemos projeções e questões não resolvidas do outro que são depositadas em nós, mas temos a escolha de complementarmos ou não. Nosso ser quer ser receptivo ao outro e ao mundo, entretanto, para sustentarmos o alinhamento pessoal e coletivo, precisamos ter um enraizamento e um poder pessoal desenvolvidos que nos possibilitem a formação de um campo energético forte, a fim de repelir o que não ressoa com o ser essencial. É como uma dança: estar com o eu e com o outro ao mesmo tempo, sem se abandonar para se emaranhar com a energia externa.

Faz parte do processo de aprendizado de vida esse oscilar entre estarmos em nós e nos abandonarmos. Quando nos alienamos pelas descompensações alimentares, afetivas, interações destrutivas ou por meio de qualquer outra forma, é porque já perdemos a conexão com a essência. Sabemos que manter o alinhamento é um desafio constante e infindável, portanto, todos os desvios da essência são novas oportunidades para retornarmos para a casa, mais apropriados de nós mesmos. Quando percebemos que não estamos no lugar do ser, temos a possibilidade de respirar e fazer uma nova escolha. A questão-chave é perceber. Por isso, desenvolver o eu observador é o princípio básico da transformação.

Quando temos a necessidade de alienação, precisamos ficar conscientes de qual parte dentro de nós está motivada ao entorpecimento. Esta pequena pausa, para nos perguntarmos qual parte de nós mesmos está desejando algo, já nos dá a possibilidade de o ser se manifestar, tomando a frente para reavaliarmos se, de fato, a nossa essência está tendo alguma necessidade ou se a intenção provém de um lugar distorcido de nós. Os desejos provenientes da criança insaciável ou ferida, do ego ou do eu inferior, são sempre ilusórios, por essa razão é que, quando atingidos frequentemente, não nos satisfazem, mas já há imediatamente a criação de um novo desejo. Quando vivemos em maior conexão com esses aspectos do eu em detrimento ao alinhamento com o ser, a vida passa a ser um eterno oscilar entre o desejo e a insatisfação. Dessa forma, cria-se um vazio crônico e impossibilitado de preenchimento, diferentemente do vazio proveniente da conexão com o ser, que é nutridor e pleno de possibilidades. Podemos falar de um vazio oco, criado pela separatividade, e de um vazio pleno, que é o próprio lugar da essência. Para percebermos nossas verdadeiras necessidades e anseios, precisamos desenvolver a prática da autopercepção consciente.

O auto-observador imparcial e acolhedor facilita o contato com o nosso corpo físico e emocional. Aquilo que em algum momento histórico era natural, agora precisa ser reaprendido. A percepção das sensações do corpo precisa ser treinada para que a sabedoria corporal seja resgatada. A chave para qualquer forma de autoconhecimento é a respiração. Estar atento a ela e sentir o seu fluxo já estimula, naturalmente, novas percepções. Além de ser um meio para desvelar, a respiração consciente possibilita o autorrenovar-se. Em cada expiração temos oportunidade de soltar antigos padrões ou estagnações de energia para, na inspiração, preenchermo-nos do novo. Nosso maior bloqueio para respirar é a dificuldade do desapego. Respiramos muito pouco com relação a nossa capacidade pulmonar, porque temos medo de soltar. Consequentemente, a respiração torna-se mais reduzida. A redução respiratória é uma forma inconsciente de boicote, pois, assim, disponibiliza-se menos energia para as realizações pessoais.

Enfim, quanto maior é a autopercepção, maior é a possibilidade de preenchimento real. Perceber as necessidades verdadeiras é um caminho não só para a satisfação, mas também para a realização em um nível mais elevado. As necessidades de preenchimento espiritual podem ser tão importantes quanto as fisiológicas. Claro que, em termos de sobrevivência física, a necessidade fisiológica é mais essencial, porém também existem diferentes formas de morrer ou de viver. Na dimensão da insaciabilidade, proveniente da desconexão com o ser, também tendemos a não identificar quando atingimos o ponto de satisfação e de preenchimento suficientes. Muitas vezes, a carência é consequência da dificuldade de receber, introjetar e honrar o recebido, tanto em relação à alimentação como qualquer outra forma de recebimento. Quando recebemos em conexão com a essência, podemos perceber o ponto de satisfação.

Os sentimentos de falta levam a formas de compensações que aumentam a distância do ser essencial, consequentemente ampliando a sensação de carência. Vivemos em uma cultura de compensações, em um eterno ciclo de falta, compensação e culpa. A formação da sociedade se sustenta em uma economia que se alimenta da venda de meios para suprirem compensações e não para preencherem o ser. Assim, um passo fundamental para o retorno ao ser é a reconexão com a sabedoria corporal. Ao mesmo tempo, quando retornamos à conexão com a essência, a sabedoria corporal é naturalmente desenvolvida.

Precisamos identificar o que verdadeiramente nosso corpo necessita e quais as suas mensagens. A maior parte dos que praticam ginástica tem a intenção de aprovação externa. Os exercícios físicos, quando feitos com concentração na parte do corpo que está sendo trabalhada, com respiração e intenção de conexão com o eu corpo, trazem segurança e vitalidade. O corpo precisa ser reconhecido e respeitado. Na terceira dimensão, o corpo é fragmentado e percebido por um paradigma mecanicista. Há pessoas que desenvolvem a depressão ou qualquer forma de desequilíbrio após passarem por experiências em que se desconectaram do corpo. Cirurgias plásticas, aborto, a retirada de uma parte do corpo são situações que precisam ser acolhidas e elaboradas. Se a pessoa, por exemplo, necessita de fato retirar a gordura de seu corpo, é necessário que seja feito um processo de reconhecimento, para que ela tenha consciência da finalidade daquela camada de proteção e se, de fato, há uma preparação interna para a sua liberação.

Se for necessária a retirada de uma parte do corpo como as amígdalas, útero ou qualquer outra, é importante que seja feita alguma forma de ritual de desligamento dessa parte e uma compreensão mais profunda de sua retirada. Um aborto natural ou provocado pode gerar muitas perturbações, se não houver conexão com a essência. É necessário que seja feito um verdadeiro contato consigo mesma, com o útero e com o ser que está por vir, antes que seja feita a opção da eliminação do feto. Se há um reconhecimento consciente, é provável que o aborto não aconteça, mas, se for feito, é imprescindível um trabalho de reconhecimento e honra para aquele ser. Ele precisa ser reconhecido como filho, tanto pelo pai quanto pela mãe, e ter um lugar na família como primeiro, segundo ou qualquer outro que ele ocupe como filho. Sendo o aborto provocado ou espontâneo, é necessário honrar aquele ser como filho ou filha, irmão ou irmã daquela família. Filhos cuja mãe passou por aborto também precisam reconhecer e honrar seu irmão que foi abortado e lhe dar lugar e no campo familiar, como irmão mais velho ou mais novo. Mesmo assim, as consequências emocionais do aborto provocado são muito marcantes e geralmente inconscientes.

Não é uma questão moral, mas, emocionalmente, tanto para a mulher como para o homem que praticam intencionalmente o aborto, as consequências são desastrosas. Uma simples consequência é a pessoa não conseguir terminar o que começa. Isso pode acontecer com quem passou por aborto ou se o pai ou a mãe passaram. Os rituais cabalísticos de ancestralidade ajudam a limpar os efeitos causados por abortos sofridos pelos ancestrais. Ser gestado em um útero que sofreu um aborto, espontâneo ou provocado, pode criar um núcleo de desvalorização para este ser. Ser indiferente ao aborto praticado conserva os prejuízos ao próximo filho, assim como permanecer na culpa. Sabemos que o ser vem sempre em condições ressonantes para a Terra, de acordo com o que vem desenvolver. Ser gestado em um útero que sofreu aborto tem um propósito para esse ser. A mãe precisa intencionar limpar energeticamente o útero após um aborto, basicamente com intenção e respiração focada nesse órgão. E mãe e pai que passaram por aborto precisam intencionar que o campo seja limpo e dar um lugar de filho reconhecido para este que foi abortado, para amenizar o núcleo de desvalorização do próximo filho.

Segundo a técnica de constelação familiar, acredita-se que um aborto, no qual não houve reconhecimento de que aquele ser fará sempre parte daquela família, pode causar descompensações nos outros filhos. Em terapia, há mudanças significativas quando fazemos esse ritual de incluir o ser abortado como membro da família, inclusive no caso de irmãos. Assim, a culpa, consciente ou inconsciente, cede lugar para a harmonia, a gratidão e a reverência. A culpa inconsciente no campo familiar pode levar um dos filhos a assumir uma carga energética que não lhe pertence, como uma forma de manter o equilíbrio do grupo. Quero dizer, quando um ser que veio para aquela mãe ou para aquele pai não é honrado, um dos filhos pode assumir a dor desse ser. Perturbações e desequilíbrios são eliminados da família ou da própria pessoa quando há um reconhecimento do lugar de um filho ou filha que não encarnou. Esse trabalho pode ser feito por meio de terapias, constelações familiares, cultos da Seicho-No-Ie ou como intuitivamente a pessoa sentir que deve ser feito. O corpo e o que fazemos com ele devem ter sentido e propósito. A terceira dimensão negou e distorceu a conexão com o corpo físico.

O corpo físico desconectado cedeu lugar à supervalorização da mente. O nível mental é o que foi mais fortalecido na terceira dimensão. Contudo, este foi construído com fixações e ideias rígidas que obstruíram a expansão dos níveis físico, emocional e espiritual. Na passagem para a quarta dimensão, está sendo feito um resgate do corpo físico e emocional e uma expansão maior do nível espiritual. A abertura do coração amplia a conexão com a divindade. Está ocorrendo uma passagem do divino, de fora para dentro. A qualidade essencial do amor é a vibração da quarta dimensão que marca a passagem da mente para outros níveis do ser, não a excluindo como na segunda dimensão, mas integrando este nível a uma totalidade. Estamos vivendo nessa passagem uma grande polarização. De um lado, há cada vez mais pessoas emaranhadas no medo e nas distorções do amor. Por outro, para muitos, esta qualidade está cada vez mais manifesta.

Muitas distorções são feitas em nome do amor. Posse, controle, paixão obstinada, entre outras, são deformações da energia amorosa. A energia pura do amor é livre. A tendência na era de Aquário é ela ser cada vez menos particularizada. As distorções dessa transição seriam o não estabelecimento de vínculos e a promiscuidade. Por trás dessas distorções, há um anseio de amar tudo e todos. Quando um novo padrão começa a se estabelecer, surgem as confusões e as polarizações. O amor na era de Aquário não é apegado. Isso não quer dizer que não exista profundidade nos vínculos, pelo contrário. Todavia, a tendência é diminuir as preferências, que acabam por excluir. Gostar mais de um que de outro não está de acordo com o princípio da unicidade, de onde viemos e para onde caminhamos. Podemos ter mais afinidades ou identificações, mas qualquer forma de exclusão deve ser revista, pois reforça a separatividade, que nos esvazia.

 Muitos aspectos do outro, que nos incomodam, representam uma parte nossa não integrada ao todo. Muitas vezes quando não gostamos de alguém é totalmente nossa responsabilidade. Uma das possibilidades é que o outro manifesta uma qualidade que possuímos e não expressamos ou que ele está expressando uma negatividade que não toleramos em nós mesmos. Quanto mais nos conhecemos, reconhecemos e integramos nossas distorções e nossas qualidades, menos rejeitamos o outro. Assim, quanto maior é o autoconhecimento e o autorreconhecimento, maior é nossa capacidade de amar. Claro que há campos energéticos incompatíveis, mas, se não é uma questão projetiva, simplesmente, nesse caso, podemos não nos afinar com o outro, mas sem sentir aversão. Quando reconhecemos nossas qualidades e potenciais, também temos mais facilidades para enxergá-las nas pessoas. Nessas mudanças de paradigmas, da terceira para a quarta dimensão, uma das principais transformações é a passagem da mente para o coração, sem excluir a racionalidade.

 A razão, integrada ao amor, traz uma nova forma de consciência de civilização. O amor em sua energia pura é basicamente a qualidade de perceber, reconhecer e aceitar os outros. Ou melhor, é também aceitar as circunstâncias. Amar é se entregar ao fluxo da vida. Cada vez que fazemos oposições que não são provenientes do ser, rompemos com o fluxo do amor. Quanto mais nos apropriamos de nós mesmos, mais manifestamos a essência, mais vivemos com amor e gratidão. Segundo a experiência do dr. Masaru Emoto,[4] essas duas palavras são as que formam um padrão vibratório mais elevado. Ele comprovou que a água tem a capacidade de reter informações. Ele colocava palavras escritas como rótulos em vidros de água e fotografava os cristais que a água congelada formava. Amor e gratidão formavam um lindo cristal perfeito, de seis pontas. Como nosso corpo é formado, em sua maior parte, de água, as palavras que pronunciamos ou expressas em roupas que vestimos formam configurações cristalinas de luz ou de sombra em nosso campo energético.

---

4. Dr. Masaru Emoto é um fotógrafo japonês que executou experiências com a água. Para ele, palavras e pensamentos levam as moléculas da água a se comportarem de formas diferentes.

Amar é, em primeiro lugar, ser quem somos para o nosso bem e para o bem do todo. É importante também ficarmos conscientes de que, se manifestamos o que somos, criamos construções positivas. Se não manifestamos, não criamos um campo neutro, pois a energia não manifestada, que fica inconsciente, torna-se destrutiva para nós e para o todo. Na conexão com o ser, permanecemos no estado de boa vontade. Rompemos com esse estado quando saímos da intencionalidade consciente para o mecanicismo. A nossa própria desconexão contribui para a desconexão do todo. É um treinamento estarmos atentos para fazermos tudo com a presença do ser. Tudo é um ato sagrado. Não apenas na Kabalah, mas também em outras linhas espirituais, o desafio é estar constantemente na própria presença. Estar inteiro é estar na essência. Esse é o verdadeiro milagre da vida, e os pequenos milagres e bênçãos diárias só podem ocorrer no fluir. A energia divina está à disposição de todos, mas, quando estamos fora da essência e fazemos oposição à vida, bloqueamos a sua recepção. Na energia do milagre, tudo que é verdadeiro para o ser é possível. Nosso ser possui inúmeras possibilidades de expressão, nós é que limitamos, com a mente, e determinamos que não podemos ser ou ter isso ou aquilo. O sistema nervoso não é acabado; portanto, podemos fazer muitas novas sinapses e transformar crenças limitantes em milhões de possibilidades. A integração de partes possíveis de nós mesmos é constante e infinita.

Capítulo 19

Transformação do Ego Negativo em Consciência Essencial

Quando estamos próximos de transformar um padrão ou comportamento distorcido ou negativo para um estado mais essencial e saudável, podemos, muitas vezes, percebê-lo mais evidente e fortalecido. Como se fosse uma tentativa máxima de sobrevivência daquela energia. Como se o padrão que estivesse prestes a se dissipar buscasse uma força extra para sobreviver. Podemos observar essa dinâmica em uma pessoa que está próxima da morte e tem uma repentina e breve reação de vida. Quando colocamos a intenção de mudar um comportamento, este parece tornar-se mais forte. Quando alguém, por exemplo, intenciona ser mais paciente, é provável que atraia situações em que a paciência deverá ser manifestada e, consequentemente, é possível que a impaciência se mostre mais evidente. Esse mecanismo ocorre porque temos resistência em modificar um padrão e também porque, com mais consciência, estamos mais atentos ao que anteriormente poderia ser muitas vezes imperceptível. Um padrão tem seu alicerce nos quatro níveis: físico, emocional, mental e espiritual. Quando intencionamos alguma transformação, estamos tendo uma abertura no campo espiritual.

A transformação no campo emocional acontece com a intenção consciente no cotidiano ou, se for uma questão mais profunda, é preciso ir ao encontro da energia que ficou bloqueada em algum lugar do passado e liberá-la. Com a transformação emocional, precisamos alterar a crença da mente que ajudava a sustentar esse padrão. Assim, é necessário descobrirmos qual crença negativa mantém o comportamento negativo. A transformação corporal também deve acompanhar as outras mudanças. Bloqueios na musculatura física e impregnações tóxicas devem ser transformados, pois, do contrário, o bloqueio corporal pode restabelecer novamente o padrão negativo. Da mesma forma, apenas mudanças do corpo ocorridas por massagens e outras técnicas corporais não garantem a transformação emocional e mental, mas podem ser um meio para despertar a consciência para a transformação. Massagem, alinhamento de coluna, exercícios de bioenergética, frequência de brilho, entre outras técnicas, são importantes para que o corpo físico acompanhe a alteração energética. E, principalmente, a respiração deve acompanhar a mudança, embora esta se transforme naturalmente com a alteração do padrão emocional. Mas podemos direcionar a atenção consciente para ela a fim de acelerar o processo.

A forma como respiramos e a quantidade de oxigênio que levamos para as nossas células interferem nos padrões afetivos e emocionais. A respiração consciente é a base para as transformações das emoções, da mente e do campo espiritual. Grande parte dos trabalhos profundos de transformação é realizada com a respiração, pois a respiração consciente, com a intenção dirigida a um determinado bloqueio, move a energia estagnada para que se tome um novo fluxo. Podemos, em um trabalho terapêutico, liberar um bloqueio, mas, necessariamente, precisamos sustentar a mudança no cotidiano, pois muitas vezes a forma como configuramos a nossa vida nos levará a retornar ao padrão negativo antigo. É preciso atenção consciente para perceber e, com consciência, escolher um caminho mais ressonante com o ser essencial diante das situações diárias. Mesmo porque a nossa mente e suas sinapses estão acostumadas com um padrão; assim, é necessário um tempo para que com o novo fluxo de energia se estabeleçam novas ligações cerebrais, formando novas crenças.

Enfim, quando ansiamos pela mudança, deparamo-nos com a resistência em todos os níveis. Transpor os obstáculos é como um "teste" para internamente fortalecermos o propósito do novo padrão. Assim, quando intencionamos nos abrir mais para uma consciência espiritual é possível que o ego negativo se torne mais presente. Isso acontece não só para fortalecer o nosso propósito espiritual, mas também para ficarmos mais conscientes da nossa negatividade. Pois, quanto maior a consciência, maior é a possibilidade de transformação. Na passagem da terceira para a quarta dimensão, há muitas resistências para a implantação da nova era. O padrão vibratório da quarta está presente, há algum tempo, e está ocupando cada vez mais espaço. Porém, o padrão vibratório da terceira esforça-se para sobreviver. Dessa forma, muitas pessoas têm sido receptáculos para a sustentação da dimensão do ego. Mesmo os que estão mais afinados com o padrão vibratório da quarta têm momentos que voltam ao padrão egoico negativo.

Todos os que estão encarnados nesta época têm o propósito coletivo de sustentar a mudança do novo padrão vibratório da Terra. Temos a oportunidade de sentir, pensar e agir com base no ego negativo, que sustenta a terceira dimensão, ou buscarmos alicerce na consciência espiritual que prepara a quarta dimensão. É muito privilégio e responsabilidade estarmos encarnados neste momento de transição planetária. Desde, aproximadamente, 1992 está havendo mais crescimento espiritual na Terra que nos últimos 2 mil anos. Isso porque na era de Aquário não esperamos o Messias, mas estamos despertando para a nossa própria divindade. Estamos vivendo um momento de ascensão coletiva, tendo a oportunidade de participar, em nível consciente, da transformação planetária.

Para colaborarmos com esta passagem, necessitamos expandir a consciência espiritual para manifestar a essência. Para isso, precisamos conhecer profundamente nosso ego negativo para poder transformá-lo, pois, quando ele é dominante, não sustentamos por muito tempo o alinhamento com a essência. Os caminhos espirituais, como meditações, mantras, visualizações, purificações espirituais, retiros, etc., auxiliam em nosso processo de evolução, porém, se não conhecermos nosso ego negativo, a mudança pode ser superficial e temporária. Pois a negatividade do ego ou do eu inferior pode surgir repentinamente e no momento em que mais estamos nos sentindo espiritualizados. Muitos se iludem acreditando que as práticas espirituais são suficientes para o processo evolutivo. É preciso ir além e conhecer a própria negatividade. Quem não se conhece pode ter a ilusão de ser equilibrado ou saudável, mas em algum momento terá de conhecer o próprio inconsciente. Para que deixar para a próxima encarnação com tantas oportunidades de cura que estão sendo disponíveis neste momento? É necessário reconhecer e identificar os medos não conscientes, pois eles estão subjacentes nos comportamentos do ego negativo.

O sentimento básico que sustenta a consciência essencial é o amor, e o que sustenta o ego negativo é o medo. O contrário do amor é o medo, que está na base de todos os sentimentos e comportamentos distorcidos negativos. O medo de ser inferiorizado, por exemplo, pode criar a ambição desmedida, a vingança, as guerras, os confrontos do ego, etc. A partir do desejo de destaque ou de vitória do ego, originados pelo medo, criamos padrões reativos de defesa que nos separam do outro. Essa separação cria uma dor (a dor de não estar na unidade). Ela surge porque nossa alma almeja a unicidade e não a separatividade. Quanto mais nos defendemos do outro e da vida, mais obscurecemos a essência e criamos sofrimento. Os relacionamentos íntimos podem, muitas vezes, expressar a separatividade. É comum a dinâmica de querer vencer ou se submeter, o que são os dois lados da manifestação do ego negativo. Nos casais, são frequentes os padrões de defesa, tais como: manipulações, jogos de controle de afeto, ciúmes, possessividade, competição, entre outros. Em uma discussão, muitas vezes, o que está em pauta não é a questão original da briga, mas a necessidade de vencer o outro, que provém do ego negativo. A necessidade de vencer em um relacionamento pode ter a sua origem na projeção do opositor da infância sobre o outro.

Por isso, quanto mais limpamos nossos traumas e acolhemos nossa criança ferida, menos precisamos nos iludir em defendê-la nas projeções relacionais. Em um confronto de relacionamento, quem pensa que venceu apenas reforçou o ego negativo. A escolha é a batalha do ego ou a satisfação de permanecer na essência. Se um confronto for de fato necessário, deve ser feito com lealdade. Quero dizer, não desqualificar o outro em uma briga ou se reportar a fatos passados e não ser engolfado pelas emoções, ou, o contrário, colocar a máscara da frieza ou do resolvido. Em um confronto, às vezes, precisamos silenciar ou ter uma pausa para sair do engolfamento emocional a fim de enxergar a situação de outro lugar. É um treinamento para reforçar a consciência essencial, priorizar, nas pequenas questões do cotidiano, a unidade e não a separação.

Na consciência essencial, o ser está no comando, enquanto no ego negativo, o campo emocional e o inconsciente podem estar no domínio. "Dar a outra face", que Jesus queria dizer, era responder com a consciência essencial. Quem ataca está quase sempre no ego negativo. Quando respondemos também desse lugar, estamos reforçando a separatividade em nossas vidas e contribuindo para o distanciamento da unidade no planeta. Quando conseguimos ir além do ego negativo, para a consciência essencial com humildade legítima, fortalecemos a unidade em nós e ao nosso redor. Quando menciono humildade legítima, estou querendo dizer serenidade do ser e não máscara de bonzinho ou de superioridade. Algumas vezes, nosso ser quer ceder, perdoar, abrir o coração, mas a fala do ego negativo é: não posso fazer papel de bobo(a). Essa é a armadilha perfeita para a separatividade. Pensamentos como: não vou telefonar porque ela também não me liga ou não vou fazer isso ou aquilo porque o outro também não faz ou não fez, refletem a presença do ego negativo, por meio do orgulho. Somos criados em uma cultura que reforça o ego e a separação. O orgulho é a distorção da qualidade da honra. Há frases típicas desses reforços, como: homem não chora, você tem de ser o melhor, você é mais ou menos que aquele, entre outras.

Qualquer tipo de comparação está a serviço do ego negativo. Quando os pais comparam negativamente os filhos, estão escondendo a essência deles e prestando um "desserviço" planetário. Quando, por outro lado, os pais passam a mensagem de que os filhos são mais especiais que os outros, estão fortalecendo o ego negativo deles, contribuindo para a separatividade e para a manutenção da sombra egoica planetária. É um treinamento enxergar a vida, não com o ego negativo como fomos reforçados pela cultura ou pelos padrões familiares de disputa ou separatividade, mas com a consciência da unidade da essência.

Enfim, o sentimento básico que sustenta o ego negativo é o medo de não ser amado. Dessa forma, quanto mais purificamos nossos traumas de rejeição e abandono, quanto mais acolhemos nossa criança interna e quanto mais nos valorizamos e nos amamos incondicionalmente, mais liberamos os padrões de medo e abrimos o campo para a energia do amor. Enquanto o medo traz defesas negativas, exclusão e separatividade, o amor cria abertura, inclusão e unicidade. Enquanto o medo está na base dos padrões negativos, o amor dá origem a todos os atributos da essência. É importante observarmos em nosso cotidiano se nossas ações estão sendo motivadas pelo medo ou pelo amor.

É importante termos a consciência de que, se não existe campo neutro, se não estamos no padrão da consciência essencial, estamos no ego negativo. Se não estamos na luz, estamos na sombra. Temos a tarefa diária de autopercepção. É o que Jesus quis dizer com "orai e vigiai sem cessar", que na tradução original é estar em estado de meditação, ou seja, estar perceptivo, centrado e com o coração sereno (estar no lugar do ser para nos reconhecermos no cotidiano). Para transformarmos o ego negativo, primeiramente precisamos reconhecê-lo, observando a sua manifestação na vida cotidiana. Se temos a pretensão de viver na consciência espiritual, sem ego negativo, já estamos no ego negativo. É claro que, enquanto estivermos na Terra, a negatividade vai atuar. A questão é expandir cada vez mais a consciência essencial e ir liberando a energia da essência que foi aprisionada no ego negativo. Cada vez que vamos para a sombra, para a negatividade, é uma oportunidade que o nosso inconsciente, aliado ao Universo, está nos dando de transformação.

Nossos erros, distorções e comportamentos destrutivos surgem para ficarmos conscientes da nossa negatividade. O importante é perceber quando esses padrões acontecem. Ao nos tornarmos conscientes deles, podemos respirar e fazer uma escolha mais da essência antes de agirmos. Entretanto, se já atuamos negativamente e só percebemos depois, então podemos analisar em nós mesmos o que desencadeou a atitude negativa para transcendê-la. São os pequenos deslizes do cotidiano que sustentam a consciência do ego negativo, tais como a autopunição, pensar negativamente de alguém, a impaciência, a desatenção ao outro, as atitudes antipáticas ou separatistas, etc. Assim, temos a oportunidade diária de nos perceber e nos transformar. Devo reforçar que não basta uma intenção espiritual para fazer a mudança, mas uma profunda análise do próprio inconsciente para podermos liberar os padrões defensivos.

Enquanto não transformamos o ego negativo, não rompemos com os ciclos de reencarnação. Há pessoas que dizem que não querem mais reencarnar porque é difícil estar na Terra. Só em ter esse pensamento o indivíduo já está na separatividade e é possível que precise de muitas encarnações, até que pare de fazer oposição com o planeta e o reconheça positivamente. A tarefa mais importante do caminho espiritual é transformar o ego negativo. Não é possível espiritualizar-se com a mente crítica ou com as emoções destorcidas ou embotadas. Há pessoas que pensam que são controladas, mas são reprimidas; ou seja, estão na máscara do equilíbrio, com muita sombra no inconsciente. Em casal, é comum um ser acusado de ser o desequilibrado pelo embotado. Este último ainda vai ter de conhecer as próprias emoções. Para aqueles que já estão vivendo mais em uma consciência essencial, é necessária a vigilância constante, pois até mesmo um iluminado, na Terra, pode cair no ego negativo.

Os obstáculos do cotidiano são as oportunidades por meio das quais podemos reforçar a consciência espiritual ou o ego negativo. Diante dos desafios, o ego negativo age com raiva, prepotência, impaciência, irritação, paralisação, fuga, etc. Quando estamos na consciência essencial, respondemos às circunstâncias com aceitação, tolerância, perdão, amor incondicional, desapego, ou seja, com domínio do ser sobre o ego. Há pessoas que pensam que são centradas, equilibradas e compreensivas, mas muitas vezes estão apenas mascarando o ego negativo. Criam um poço de mágoas e ressentimentos, obstruem a consciência e a expressão dos sentimentos e ainda podem humilhar outros com seu complexo de superioridade. Estar sereno diante dos ataques externos, diante das perdas afetivas ou financeiras ou de qualquer circunstância dolorosa é um processo natural para quem já está mais expandido na consciência essencial. Quando estamos no lugar do ser e não identificados com a criança ferida ou com o ego negativo, podemos tolerar mais as frustrações. Podemos ficar tristes ou com raiva, mas também temos a escolha de não nos fixar nesses sentimentos ou irmos além deles para uma compreensão madura proveniente do eu superior. Esta que é a verdadeira liberdade, estarmos no ser sem apegos ou identificações que nos aprisionam em padrões limitantes. Na tabela a seguir, exponho algumas manifestações do ego negativo e da consciência essencial, para que se torne mais clara a diferenciação entre os dois no cotidiano.

EGO NEGATIVO	CONSCIÊNCIA ESSENCIAL
Medo	Amor
Disputa (tenho de ser o melhor)	Cada um tem seu lugar
Buscar ser especial	Consciência da unidade
Centralizador	Consciência de grupo
Ganhar a discussão	Priorizar o amor incondicional
Crítica	Acolhimento incondicional
Oposição	Recebimento
Separação	Unicidade
Exclusão	Inclusão
Dualidade	Integração
Atitude defensiva	Atitude receptiva
Pessimismo como defesa à frustração	Abertura, confiança e desapego das expectativas
Apego	Fluidez e confiança de que a essência permanece
Preocupação	Libertação
Medo do julgamento das pessoas	Autoaprovação incondicional
Repressão da manifestação da essência	Liberdade de ser
Paralisação diante das revoltas	Aceitação e abertura para crises ou desafios espirituais
Negação ou fuga	Estar presente com inteireza
Viver e agir mecanicamente	Agir com presença da essência
"Não tenho nada a ver com isso"	Sentir responsabilidade pelo todo
Querer só para si	Querer para si e para o bem do todo
Codependência	Reconhecer e valorizar a essência do outro
Carência/Sentimento de solidão	Autoacolhimento/Companhia da própria essência
Acreditar na falta	Saber da abundância
Desperdício	Respeito ao propósito da matéria (reciclagem de lixo)

Contenção	Compartilhamento
Dificuldade de doação	Consciência de que dar é tão bom quanto receber
Excesso de servidão nas relações	Justa troca entre dar e receber
Sentimento de superioridade	Humildade legítima
Sentimento de inferioridade	Autovalorização incondicional que vem da essência e não dos feitos
Mente fixada em "tenho de..."	Assumir a responsabilidade natural e seguir o fluxo
Tirano interior	Percepção atuante, crítica acolhedora para a transformação
Excesso de exigências	Aceitação e compreensão
Compulsão ou esvaziamento	Preenchimento que vem da essência
Procurar o negativo no outro	Olho treinado para enxergar a essência à frente das distorções
Amor devorador	Amor cuidador – não codependente
Ser dominado pelas circunstâncias externas ou pelo campo emocional	A essência está no comando com poder pessoal e serenidade – sem alienação ou negação
Vingança e mágoas	Perdão – libertar o próprio fluxo
Preocupação em ter	Desapego e recepção
Sentimento de nunca estar preparado	Humildade e entrega para percorrer os caminhos que o ser precisa trilhar
Falta de foco	Clareza de propósito
Sentimento constante de não ser o suficiente	Gratidão e reverência

  Precisamos olhar para as nossas distorções egoicas não com autocrítica, tampouco com culpa. Apenas precisamos nos dar conta no cotidiano de nossas dissonâncias. É impossível transformarmos um padrão sem o seu pleno reconhecimento. O fato de reconhecer já é um grande passo e, além disso, fomos criados em uma cultura de terceira dimensão que reforça o ego negativo. O importante é ampliarmos a consciência e optarmos em fazer escolhas mais do coração que defensivas, priorizar a unidade sobre a separação. Quanto mais ampliamos a consciência espiritual, mais disponibilizamos energia para continuarmos o caminho da luz. Quanto mais nos desapegamos dos padrões provenientes do ego negativo, mais sentimos abertura na vida. Quando estamos identificados com o ego negativo, somos atratores negativos. Assim, atraímos situações e pessoas dissonantes. Nessa identificação negativa nem percebemos os desafios como oportunidade de mudança, mas, geralmente, reagimos com revolta, vitimização, impaciência ou com comportamentos de birra.

Dessa forma, o ego negativo passa a ser mais reforçado. Por ressonância mórfica, a pessoa identificada com o ego negativo torna-se um atrator negativo. O campo mórfico, produzido pela pessoa, modela uma forma que será atraída magneticamente. Se o indivíduo crê na falta, atrai a falta; se crê na separatividade, atrai desentendimentos. O sentimento de medo acaba por se tornar crônico. Quer se esteja consciente ou não dele, a pessoa passa a atrair situações de medo. Muitas vezes, os obstáculos não são provenientes de débitos passados, mas apenas consequência do próprio estado negativo que atrai sofrimentos desnecessários. Quanto há de perda energética na manutenção de padrões negativos? A questão principal não está, necessariamente, no empenho, em modificar aspectos distorcidos. A questão é a ampliação da luz. Assim, naturalmente a transformação acontece.

Quando iniciamos um processo de desidentificação com o ego negativo, deparamo-nos com muitos desafios. Quando o ego quer um caminho e o ser essencial quer outro, criam-se muitas desordens. É preciso ter entrega e confiança na luz para deixar morrer as velhas estruturas. Para seguirmos o propósito da essência, precisamos, em alguns momentos, aceitar viver a carta 16 do Tarô, a Torre, que vem para romper o estabelecido. Depois da carta 16, vem a carta 17, que é a Estrela, representando o renascimento e a abertura para o universo de possibilidades. Quanto mais nos aproximamos de quem somos, mais ampliamos as possibilidades de manifestação do ser. O ser existencial vai buscando novos caminhos para estar em consonância com o ser essencial. Temos a escolha de romper com a fixação da sombra e nos conectar com as dimensões que nosso ser almeja, como amor, sabedoria, prazer e outros atributos positivos, para criarmos um campo atrator favorável.

Quanto mais transformamos o ego negativo e assumimos uma consciência essencial, mais nos tornamos um atrator positivo, ou seja, mais atraímos pessoas, circunstâncias e situações que afinam com nossa essência. Dessa forma, tornamo-nos um canal que atrai benefícios para o corpo físico, atraímos o que precisamos no campo material e, para o emocional e o espiritual, encontramos situações que nos preenchem de bem-estar, harmonia e prazer na vida. Podemos observar que as pessoas mais realizadas, alegres e harmonizadas que conhecemos, ou seja, que são felizes na essência, e não na máscara do tudo bem ou da acima do bem e do mal, são as que estão mais sintonizadas com a consciência essencial que com o ego negativo. Essas pessoas são atratoras positivas ou o que poderíamos chamar de possuidoras de sorte.

Poderíamos dizer que sorte é deparar-se com a situação necessária para o ser no momento oportuno. Sorte não é um privilégio concedido pelo Universo a alguns. O que existe é estar alinhado e, com esse estado, naturalmente ocorre a atração do que é preciso para as realizações do ser essencial. As pessoas que se denominam desprovidas de sorte são aquelas identificadas com o ego negativo. Assim, elas não têm abertura para o fluxo positivo. Para os que se encontram nesse padrão, mesmo que ocorra algo de muito bom na vida, é possível que logo o sentimento de contentamento se dissipe, pois o padrão do medo e da dor já pode dominar o campo energético.

A menos que haja uma transformação interna, que se modifique o olhar para com a vida, as circunstâncias externas podem trazer apenas uma felicidade efêmera. Da forma oposta, quem está sintonizado com a consciência essencial, quando atrai um fato perturbador como consequência de débito cármico ou por atração de alguma parte de si mesma ressonante com o ego negativo, pode lidar com a situação com centramento, aceitação madura, compreendendo o aprendizado, transformando o padrão interno que atraiu a circunstância negativa e se desapegando dos sentimentos dolorosos após tê-los vivenciado com integridade. Nesse caso, não há a revolta, nem vitimização, nem apego à dor.

Assim, essas pessoas, mesmo ao passar por experiências dolorosas, depois de um tempo, voltam ao seu estado de contentamento. Conheço pessoas que perderam filho, esposa, bens materiais e que são preenchidas, realizadas e felizes. Observo também pessoas identificadas com o ego negativo que quando recebem já temem a perda ou sentem que nunca é o suficiente. Ambicionar mais amor, mais dinheiro, bem-estar ou qualquer outra qualidade ou matéria não é estar sintonizado com o ego negativo. No entanto, se o sentimento de contentamento com o que já é ou está não estiver presente, o aprisionamento ao ego negativo está manifesto e a sensação de falta contínua é garantida. O mundo é como enxergamos; se mudamos a sua visão, ele muda. O estado de contentamento depende da lente que colocamos para enxergar a realidade. Podemos escolher entre a lente do medo ou da falta, reforçados pela cultura da terceira dimensão, ou a do amor e da gratidão, ressonantes com o campo vibratório da nova civilização.

Precisamos, também, reconhecer o que desejamos a partir do ego e o que almejamos, a partir da essência. Quando nosso anseio vem do ser e estamos mais na consciência essencial, a realização é natural. Por isso, não devemos nos preocupar. Na verdade, quando estamos desprendidos dos desfechos ou resultados, abrimos passagem para o fluxo da energia e acontece o que é necessário, e o ser recebe e se contenta com os frutos colhidos. No ego negativo, podemos ter o padrão mental que acredita que tem de ser deste jeito ou tem de acontecer. Se colocamos o "tem de" já bloqueamos a energia que fluiria da melhor forma para a essência e não para a personalidade. Muitas vezes, o que pensamos ser o melhor para nós não é, pois nossa visão tende a ser limitada e temos dificuldade de olhar com os olhos do espírito.

Para a nossa tranquilidade, a natureza é implacavelmente justa, pois para todo campo formado, ou seja, para qualquer circunstância que atraímos para nossa vida, temos os recursos internos para transformá-la. E, caso não seja realmente possível o desfecho que desejamos, então, em alinhamento com a essência, temos maior possibilidade de reverenciarmos a vida como ela é e aceitarmos. Não existe nenhuma situação que não podemos suportar ou modificar. O dito popular, "Deus dá o frio conforme o cobertor", quer dizer que nosso eu superior não permite atrair o que não podemos solucionar ou compreender. Se sentimos que a situação é grave e que não temos saída, muitas vezes é porque não estamos enxergando e acessando os potenciais internos para a libertação. Na verdade, as dificuldades aparecem principalmente para despertar nossos recursos internalizados, muitas vezes adormecidos. Se passamos por uma grande perda, podemos acessar uma mãe interna acolhedora, amorosa e nutridora que pode nunca nos abandonar e nos acompanhar por toda a vida. Se perdemos uma estrutura, podemos acessar um pai interno que pode nos dar apoio, segurança e uma âncora, e nenhuma circunstância poderá mais nos tirar as raízes. Sempre que perdemos, no externo, temos a oportunidade de perder mais ainda internamente com revolta e sofrimento, que alimentam o ego negativo. Ou obter ganhos permanentes no mundo interno. O que construímos internamente jamais perecerá e nos acompanhará por toda a eternidade. Assim, qualquer bloqueio ou situação desafiante trazem latentes o potencial da cura em um nível mais profundo.

Há pessoas que paralisam na dor por acreditar que precisam cumprir um carma. O carma não existe para ser cumprido, mas transformado. Além disso, o carma tem o propósito da ampliação da consciência. É uma forma de experienciarmos o que fizemos para o outro. Tendemos experimentar o que proporcionamos para os outros, de sombra e de luz. Escolhemos atrair o carma para que possamos acessar nossos dons, para nos libertar das suas impregnações e, assim, o ser essencial se manifestar. A crise é como um triturador: podemos ficar com o bagaço remoendo a dor, mágoas, congelando a energia ou podemos retirar o suprassumo, que é a manifestação de nosso ser. A nossa alma escolhe atrair os desafios para ampliar a manifestação de uma qualidade, como o poder, a força, o amor, a sabedoria, a fé, entre outras. É importante ficarmos conscientes de qual atributo a dificuldade por que passamos requer que nosso ser manifeste. Precisamos ter percepção e coração abertos para compreender a mensagem latente em cada mudança.

Quanto mais ampliamos a nossa visão, saindo do nível pessoal para o transpessoal, mais temos a sensação de que tudo está perfeito nas aparentes imperfeições. Assim, viver na consciência essencial é viver em estado de graça. No nosso cotidiano, estamos escolhendo a nossa vida e, consequentemente, contribuindo para o campo da Terra. Então, o que vamos escolher: um planeta de medo ou um planeta de amor?

Capítulo 20

Além do Ego: Quando o Fracasso Social Pode Ser o Sucesso da Alma

O maior desafio para a passagem da identificação com o ego negativo para a consciência essencial é abrir mão do que está mais alicerçado no ego. Quando não desapegamos voluntariamente, a emergência espiritual faz com que a realidade externa se desmorone em algum aspecto. Um aparente "fracasso" ocorre para a finalidade de nos direcionarmos para outro caminho mais compatível com a essência. Muitas vezes, quando "perdemos" um casamento, um trabalho, um amigo ou um objeto, é porque aquela energia não estava mais compatível com a nossa essência e, em alguns casos, poderia até ser um entrave para o cumprimento de algum propósito de vida. Para o social, perder um casamento, um emprego, falir uma empresa são eventos vivenciados como um fracasso, entretanto a alma sempre sabe os caminhos que precisa percorrer.

Muitas vezes, o fracasso social é o sucesso da alma. Quando estamos em uma situação na qual não podemos expressar verdadeiramente quem somos, nosso inconsciente pode provocar uma ruptura para direcionarmos nossa energia para os verdadeiros anseios da alma. Já testemunhei pessoas que, após um divórcio, uma falência, a cura de uma doença grave ou um acidente, se aproximaram, a partir de então, mais de seu ser essencial. Não só porque algumas vezes o marido, a esposa, o trabalho, a ordem poderiam ser um entrave para o caminho da alma, mas também porque, na crise, somos chamados a um retorno para o espírito. Para os que se encontram firmemente defendidos, a crise pode gerar uma fragilidade. Está nessa vulnerabilidade a oportunidade de o ser essencial emergir. O caminho para dentro de nós mesmos, que é o único confiável, quando não ocorre voluntariamente, o inconsciente pode provocar com uma ruptura externa para reforçar o chamado da alma.

A crise serve ao propósito de lembrar quem somos e para que somos. A vida, perfeitamente organizada, "politicamente correta", sufoca a essência. A síndrome do pânico, por exemplo, é um grito da alma que precisa se expressar. É muito comum esse sintoma em pessoas que necessitam sempre de um bom desempenho. O sucesso buscado pelo ego não é nem desfrutado, porque outro alvo já é logo almejado. Não há espaço para o sabor da caminhada, apenas o foco em um alvo. A cultura tem seu papel sufocador ditando sempre que precisamos ser mais bonitos, mais ricos, mais magros e outros mais. Mais para quê?

Grande parte das pessoas sofre, hoje, de um cansaço crônico proveniente da tensão causada por essa urgência de corresponder a determinadas expectativas. Essa necessidade egoica de aprovação tem sua origem na busca da criança pelo amor dos pais. Esta tem a ilusão de que, se for aprovada e corresponder às expectativas deles, o seu amor estará garantido, como vimos anteriormente. Há pessoas que se fixam nessa fase e determinam grande parte de sua vida em padrões e expectativas que internalizaram dos pais. Muitos casamentos, por exemplo, podem viver conflitos, quando um dos cônjuges não fez a passagem para o eu adulto e fica excessivamente preso nas necessidades de agradar um dos pais ou ambos. Nesse caso, a identificação exagerada com o papel de filho pode obstruir o papel de marido ou mulher.

Na verdade, muitas vezes o que se pressupõe que seja a expectativa dos pais nem tem a ver com eles, mas o que foi internalizado deles. Por causa desse medo inconsciente da desaprovação dos pais que quase todos têm, podemos nos tornar reféns, porque é comum transferir o que antes era a intenção de aprovação materna ou paterna para a aprovação das pessoas ou da sociedade. Por essa razão é que muitos são reféns dos mandatos de sucesso da cultura, condenados à perfeição. Há aqueles que se rebelam, como uma tentativa de romper com esses aprisionamentos. Esta é uma etapa necessária para a transição. Porém, há aqueles que se fixam nessa dinâmica, que é outra forma de aprisionamento e contenção da essência.

Para encontrarmos o caminho da liberdade para a expressão do ser é necessário correr riscos. Precisamos arriscar perder um pouco de ego, das máscaras, da vergonha, arriscar sentir-se ridículo por se expor ou passar por restrição material, caso haja fixação nesse aspecto. É imprescindível nos despojarmos do que mais nos sustenta no social em detrimento do ser. Muitas vezes fazemos esse caminho inconscientemente. Pode ser um sinal de atendimento ao chamado da essência quando temos a nossa imagem ferida ou quando passamos vergonha ou decepcionamos alguém. É preciso perder as referências para encontrar os valores do ser essencial. Se a essência é única, é claro que os valores são peculiares a cada um.

Há valores que, em conexão com a essência, são comuns a todos, tais como: justiça, disciplina, compaixão, humildade, liberdade, mas a forma como cada um manifesta essas qualidades é singular. Seguir modelos é a receita certa para a frustração. É muito mais urgente ser feliz que ser adequado. Quando estamos na essência, não necessitamos de regras externas para sermos éticos. A ética é qualidade da essência, enquanto a moral é atributo da cultura. Esta foi desenvolvida para manter a ordem, mas muitos ao reprimirem suas "perversidades" também abafaram a sua luz.

Na essência não precisamos reprimir o mal, porque se pressupõe que essa energia esteja canalizada e naturalmente escolhemos o bem para nós e para o todo. O respeito pelo outro e pelo planeta é natural. Há religiões e instituições que acreditam que pela moral podem elevar os seus seguidores à luz. Mas o que geralmente acontece é a aniquilação da luz pela culpa e pela ignorância. Precisamos de ética, não de moralismos. Refiro-me à ignorância, no sentido de ignorar que a transformação verdadeira só é possível com a consciência e não com a repressão. Muitas religiões estão realmente a serviço da luz, porém, conforme expliquei no primeiro capítulo, a transformação emocional deve acompanhar a transformação espiritual. Caso contrário, seus discípulos podem permanecer involuídos em um ego espiritual inflado e separatista. As religiões servem para promover a religação com a fonte, a questão é o seguidor observar se seu coração se tornou mais aberto com esse caminho. Se sim, a religação está acontecendo, caso contrário, a religião pode estar reforçando uma superioridade egoica. A maior parte dessas religiões ignora a maioria, acreditando que o importante é que seus súditos sejam salvos.

A separatividade reforçada pela inconsciência holográfica é totalmente incoerente com o principal mandamento religioso. Como é possível falar de amor a Deus, separando e condenando as diferenças? Além disso, se tudo é um, enquanto tudo e todos não manifestarem a luz, não podemos experienciar o paraíso na Terra. Estamos todos juntos, a questão é que alguns podem levar anos para a expansão da luz essencial e outros, alguns milhares. De qualquer forma, teremos de esperar pelo último. Essa consciência é uma grande ferida para o ego que se sente especial.

Quando agimos em conexão com o ser, temos base e estrutura para respeitarmos os limites internos e externos. A manifestação da essência nada tem a ver com espontaneidade desenfreada. Precisamos da cultura para formar e fortalecer nosso ego, que tem a função de ser a base para a manifestação da nossa essência. Precisamos do social para que, na relação com o outro, manifestemos a nossa essência. Podemos ser livres e adaptados, desde que essa adaptação nos sirva como uma proteção positiva e não como um freio para a verdadeira expressão do ser. Não precisamos corresponder sempre, mas, muitas vezes, o caminho da nossa alma coincide com a expectativa do outro ou do social.

Na verdade, necessitamos estar alinhados para termos ações coerentes com a nossa verdade. Quando a ação vem da alma, ela ressoa para muitos; quando o ato serve a um mandato externo, ela pode estar apenas sustentando o desalinhamento coletivo. A liberdade da essência está em nos despirmos das vestimentas do ego, da vaidade, da rigidez, do bom comportamento que sufoca o ser, da busca do sucesso. Penso que foi isso que Jesus quis dizer com "é preciso ser como criança para entrar no reino dos céus". Viver o paraíso na Terra, que é a vida na essência, é buscar incessantemente a separação dos mandatos para ouvirmos nossa alma, nosso inconsciente, nosso corpo. A questão não é seguir o coração, tampouco a mente, mas o ser essencial que contém a totalidade que somos, onde não há identificação com nenhuma parte.

O ser deve estar à frente do fazer e do ter. Há uma determinação cultural que dita que precisamos ter ou fazer para sentir que somos. Esta é uma grande inversão. Eu sou e, para isso, eu faço e por isso tenho. A ordem não pode ser contrária. Quando a ação ou a posse estão posicionadas à frente do ser, então estão a serviço do ego, não da essência. Quando a sensação do que somos está embasada nos feitos ou nas posses, então, nossa identidade, por mais defendida que seja, pode desmoronar facilmente. Quando a alma escolhe ruir os feitos ou as posses para desestruturar a falsa estrutura, o ser escondido pode aparecer. Isso que Jesus quis dizer com "construir a casa em terreno sólido". A morada de nossa existência deve ser edificada sob as bases do ser essencial. Na queda sempre há uma nova chance. Quando conduzimos nossa existência neste pseudosser, vivemos com medo. Se quem eu sou é construído em cima de ser a esposa, ser o profissional, ser a riqueza, ser os músculos, então há um constante medo da perda do casamento, do emprego, do dinheiro, da beleza. A identificação com um papel em um primeiro momento pode ser o caminho mais fácil, mas com o tempo a vida vai se esvaziando, em virtude da alienação do *self*.

Além disso, todas as representações de nossa personalidade, todos os papéis morrem junto com nosso corpo físico. O nosso ser essencial é o nosso único guia que levamos além da vida física. Os papéis que desempenhamos devem ser uma ferramenta de extensão da essência e têm como propósito a sua manifestação. Os papéis estão a serviço do ser. Há pessoas que acabam se identificando excessivamente com um papel, investindo grande parte de sua energia no seu desempenho. Dessa forma, o papel deixa de ser um servidor da essência para ser um entrave para sua expressão. E a identificação excessiva com um papel pode sufocar a expansão de outros solicitados pela essência. A alma, não suportando isso, pode provocar inconscientemente uma situação de ruptura ou fracasso desse papel. Quando isso acontece, o ego responsável pela manutenção da identificação com o papel social sente essa quebra. É uma oportunidade, neste momento de redenção do ego e de entrega. Ao se dar conta de que toda busca pelo bom desempenho, pelo ter ou fazer desenfreado, pelo sucesso ou pela aprovação levou a um vazio ou a um sentimento de fracasso, é a grande oportunidade de tomada de consciência de que a plenitude está na essência e não no ego. Na passagem da terceira para a quarta dimensão, é comum passar por perdas. Estas podem ser abruptas para que o ego desmorone ou ser um longo processo de pequenos desapegos.

Quando um determinado papel social está sufocando a expressão da essência, pode vir a ruptura ou o indivíduo pode ir perdendo o interesse por esse papel, em função do chamado da alma. Há pessoas que entram em depressão ao realizarem esta passagem do ego para a essência. Quando o indivíduo passa a se desinteressar pelo que antes lhe parecia fundamental, a perda da referência pode conduzi-lo a um vazio angustiante. O que ajuda a suportar essa passagem é a consciência de que, além de esta dor ser passageira, há uma perspectiva de abertura para uma vida mais plena. A percepção de que algo na vida está errado, mas não se sabe o que, pode ser um sinal de que algum papel não está em ressonância com a essência. A sensação de fracasso pode, também, ser um aviso de que não estamos no caminho que nossa alma se propôs estar. Em vez de nos depreciarmos, aumentando ainda mais o abismo entre o eu existencial e o ser essencial, podemos, a partir do nosso acolhimento e compreensão, fazer novas escolhas.

Podemos ter o casamento, o trabalho, a vida social compatíveis com a nossa essência, porém, se mesmo assim não nos sentimos plenos, então podemos perguntar: onde está o ser essencial? Que dinâmicas alimentamos na vida que estão abafando a expressão do nosso ser no mundo? Perceber a ilusão que criamos e recriamos e que não podemos mais depositar a nossa vida em referências externas pode ser doloroso. Muitas pessoas vêm procurar a Kabalah ou a terapia transpessoal nessa fase, e é maravilhoso contemplar a busca que a alma faz para o encontro de seu próprio *self*. Assim como na natureza, a morte sempre leva à vida, como a semente que deixa seu estado para se tornar árvore a fim de manifestar a beleza e o alimento; quando uma parte de nós morre, já podemos comemorar as bênçãos do nascimento. Então deixemos morrer as identificações distorcidas para renascermos na verdade da alma. Nascer da água e do espírito, como proclamam as escrituras, é renascer da essência.

Enfim, precisamos ter gratidão pela civilização com sua cultura, apesar de todas as suas distorções e ilusões, pois a escolhemos e a compusemos para que pudéssemos caminhar por ela em busca da verdade da nossa essência, como a flor de lótus que nasce do pântano. Se tivéssemos continuado a viver na fonte como anjos, em vez de virmos para a Terra compor este momento da civilização, perderíamos a oportunidade dessa jornada tão interessante. Afinal, sabemos que foi uma escolha da nossa alma, sem separação com a totalidade, que optou por estar aqui. É importante termos consciência de que a cultura também cria facilidades para que possamos expressar o ser. Podemos transformar os seus impedimentos e, apesar de incompatibilidades culturais e sociais, expressar o ser com adequação e respeito ao todo. Dessa forma, honramo-nos por essa participação. É o que Jesus, o cabalista, dizia, "estar no mundo, mas não pertencer a ele".

Capítulo 21

Os Atributos Divinos: Poder, Sabedoria e Amor na Quarta Dimensão

O homem, sendo partícula da totalidade, traz em seu campo energético a marca divina da criação. Todas as pessoas trazem em seu campo de energia a chama trina, que é composta pelas três qualidades básicas da divindade: poder, representado pela cor azul; sabedoria, pela amarela; e amor, pela cor rosa. Para muitos, essas qualidades não são conscientes ou são distorcidas. Quanto maior é a expansão da consciência, mais essas qualidades vão se expressando na vida prática. De acordo com o desenvolvimento planetário, o homem vai exprimindo menos distorcidamente a chama trina. Esta sempre esteve presente, entretanto a forma de manifestar suas qualidades se diferencia da primeira à quinta dimensão. O homem primitivo tinha o poder, ou seja, a força, que o movia em direção à sua sobrevivência. Tinha uma sabedoria que o levava a fazer as descobertas necessárias para a sua sobrevivência na Terra.

A qualidade da sabedoria nos traz informações e amplia nossa compreensão para o que estamos buscando no padrão vibratório em que estamos inseridos. O amor se manifestava não de uma forma elaborada como vivemos hoje, porém mais como um impulso em direção ao contato com o outro. Quer fosse para obter uma relação sexual, quer para estar em grupo, podemos reconhecer a qualidade do amor, ainda que de forma primitiva, como um anseio que movia o ser em direção ao outro. Podemos reconhecer também o amor da mãe para com o filho, ainda que seja instinto da fêmea. O amor é uma qualidade que sempre existiu, pois é a força que traz a união e, sem esta, o Universo não poderia existir, pois não poderia permanecer integrado. Podemos dizer que, na segunda dimensão, o amor era mais um anseio egocêntrico, em que o reconhecimento do outro não era prioritário.

Há pessoas que se encontram mais conectadas com essa frequência vibratória de segunda dimensão por apresentarem um desenvolvimento mais limitado do córtex cerebral e do terceiro triângulo, responsável pela absorção de regras e papéis. Para elas, a consciência está mais presente no primeiro e segundo triângulos. Dessa forma, são movidas mais por impulsos físicos e emocionais que pela racionalidade. O poder é manifestado mais por meio da força física, o amor está atrelado à emocionalidade e à sabedoria instintiva, sem muita conexão com as esferas superiores e sutis da consciência. A passagem da segunda para a terceira dimensão se dá quando o homem começa a sentir a necessidade de organização. Assim, o indivíduo começou a se manifestar como um ser político. Necessitou de regras e leis, de limitação de espaço, ordem, mas, sobretudo, para se organizar, precisou conceber o reconhecimento do outro. É importante enfatizar que muitas tribos e povos primitivos eram extremamente evoluídos e conectados com o poder, amor e sabedoria em suas manifestações mais elevadas. A referência à segunda dimensão é quando o homem, primata, ainda estava começando a desenvolver o córtex.

Na terceira dimensão a consciência do amor se expandiu, uma vez que o homem começou a perceber que o outro precisava ser respeitado para que a civilização fosse formada e mantida. Foi um grande salto de consciência para a humanidade reconhecer o outro. Todavia, a qualidade do amor na terceira dimensão, muitas vezes, se limita a um interesse pessoal. É como se fosse preciso levar em conta o outro para que pudéssemos manter o mínimo de ordem. O amor também estaria a serviço de uma prevenção contra o caos. A manifestação desse sentimento foi expandindo de acordo com a evolução da consciência.

No decorrer da terceira dimensão, a expressão do amor foi sendo cada vez mais "refinada". Contudo, no ápice do desenvolvimento dessa dimensão, em que vivemos agora, podemos observar no planeta quanto a qualidade do amor é desvirtuada em sua manifestação, já que as distorções do poder se sobrepuseram às suas possibilidades de expressão. A qualidade do poder foi a que mais se expandiu. Entretanto, o poder divino é um poder para algo e não sobre alguém. As distorções dessa qualidade reforçaram o egocentrismo, a desonestidade, a tirania, a humilhação e muitas outras formas de desamor. E, quanto à qualidade da sabedoria, podemos perceber, também, que ela foi distorcida. O saber, como forma de conhecimento, pode ser um aspecto parcial dessa qualidade. A fixação no conhecimento intelectual é uma grande distorção da sabedoria. O excessivo desenvolvimento mental pode limitar a conexão com o saber natural ou intuitivo.

Assim, observamos que as qualidades básicas da criação: poder, sabedoria e amor foram sendo expressas de diferentes formas de acordo com o nível de desenvolvimento da consciência. Na quarta dimensão, esses atributos divinos são manifestados de maneira menos distorcida. É claro que sempre tendemos a distorcer essas qualidades, mas o destino da nossa alma coletiva é expressá-las em sua potencialidade original. Na quarta dimensão, o poder que já foi bem estruturado na terceira, se manifesta como força para a realização dos propósitos e para a sustentação do alinhamento com a essência. O poder natural nada tem a ver com o poder sobre algo ou alguém, pois isso é uma tentativa inconsciente de resgatar o poder que já se perdeu, que é a rigidez. O poder natural é uma qualidade que serve para realizar e para sustentar o ser e o querer verdadeiros, e para dissolver em nós o que é dissonante com a essência. Precisamos dessa qualidade para sustentar a expressão de quem somos na vida.

Sem o poder, podemos estar à mercê do campo familiar, sociocultural ou das circunstâncias. Ter poder é estar no centro para não se perder na mistura com a energia dos outros. É ter força para se desapegar do que é necessário e fazer as transformações que o ser precisa. É persistir na mudança de padrão quando as manifestações externas chamam para o padrão antigo. É ter uma vontade inabalável para cumprir os propósitos de vida. É ter conexão com o mago interno para confiar, incondicionalmente, nos caminhos que a essência escolhe.

No campo físico, nosso centro de poder localiza-se no ventre, chamado *hara*. Este é o primeiro portal de iniciação da Kabalah. Pois sem enraizamento e alinhamento do poder, não é possível sustentar o acesso a outros níveis mais sutis da consciência. A respiração intencionada para esse ponto, como outras técnicas, auxilia no seu fortalecimento. Quando esse centro está enfraquecido ou distorcido, há um sentimento de desproteção. E para não permanecer na sensação de fragilidade, o indivíduo lança mão de defesas para construir uma pseudoproteção. O indivíduo pode expandir seu campo de energia para se defender e manifestar a onipotência, o autoritarismo, a inflexibilidade, a teimosia, a obstinação, a agressão ou qualquer outra forma de comportamento em que ele acredita ser poderoso; mas é justamente a falta de conexão com o poder verdadeiro que o levou para o padrão defensivo.

Por outro lado, há aqueles que não reconhecem seu poder e possuem uma autoimagem de fraqueza. Por essa razão, defendem-se contraindo seu campo de energia, podendo manifestar dependências, impotência, carências, sentimentos constantes de abandono ou qualquer forma de deprimir a energia. A depressão, como quadro clínico, pode ocorrer quando o indivíduo perdeu a conexão com o poder e contraiu seu campo de energia. Enfim, é comum a pessoa renunciar o poder e se fragilizar ou distorcê-lo, inflando o ego. Em nossa cultura, há muitas distorções a respeito do poder. Poder não é dominação, é domínio sobre o próprio campo energético para o cumprimento das tarefas de vida.

Quanto à qualidade da sabedoria, à medida que vamos nos conectando com a nossa essência, naturalmente passamos a acessar campos mais sutis da consciência, ampliando, assim, a possibilidade de manifestação desse atributo divino. Na quarta dimensão, a maior interiorização facilita o acesso ao eu superior, que abriga essas qualidades mais sutis da consciência. A tendência é a humanidade captar, cada vez mais, os campos de sabedoria e manifestá-los na Terra. Quando entramos em nosso silêncio, podemos acessar um lugar de calma e de luz dentro de nós, e nos conectarmos com a sabedoria pessoal ou coletiva, tranquilizando a mente e aquietando as emoções. A comunicação por outras vias, além da verbal, também se torna mais comum nessa nova dimensão. Quanto mais vamos acessando a fonte de sabedoria, menos desperdiçamos energia por meio das palavras. Quando em nossos relacionamentos nos comunicamos por outras formas não verbais, expandimos a cumplicidade e o vínculo se fortalece. É muito confortável quando podemos estar em silêncio com um amigo, mais em estado contemplativo que mental.

Quando manifestamos a sabedoria, temos discernimento para escolher os caminhos que nosso ser precisa, sem desperdiçar energia com atalhos criados pelo ego. No padrão vibratório da sabedoria, o eu superior é o dirigente que faz o que é necessário, sem se perder na ciranda das ilusões. Há continência para as imperfeições. Existe a compreensão de que cada um tem o seu lugar e o seu propósito; assim, não há perda de energia em competição negativa ou na inveja. Não há a intenção de receber em prejuízo do todo, nem desperdícios, pois há respeito pela matéria. A reciclagem de lixo é uma manifestação da sabedoria na quarta dimensão. Não há conexão com a falta, mas consciência da abundância. Não há fixação em ordens internas ou tirania interior, mas um assumir responsável pelo que o ser precisa fazer e um seguimento do fluxo. Não há autocondenações, mas percepção crítica e acolhedora para a transformação. Não há sentimento de superioridade ou de inferioridade, mas autovalorização incondicional pelo que se é essencialmente e não pelos resultados ou avaliações segundo critérios socioculturais. Há um sentimento de plenitude e autopreenchimento que dispensa compulsões ou exigências ao outro. Em caso de ganho ou perda, aplausos ou ataques, pode-se manter o centro. É possível transformar a visão limitada dos fatos e a incompreensão pela percepção de um panorama holográfico, que vai além das aparências.

Há uma relação íntima entre a qualidade da sabedoria e o amor. Quando ampliamos a conexão com um atributo divino, naturalmente o outro se expande. Assim como o poder, existem muitas distorções a respeito do amor. Em nossa cultura, ele é facilmente confundido com a paixão ou com a dependência. O amor não é devorador, não é querer a pessoa só para si, impedindo que sua essência se expresse para outros, mas é apreciar quando ela é reconhecida e valorizada por atributos físicos, emocionais ou espirituais. O amor é cuidador, sem deixar o outro frágil ou dependente; é estar ao lado. O amor não é codependência em que o padrão é manter o outro fraco e impotente para que ele precise de mim, mas é enxergar, reconhecer e valorizar a essência do outro. O que faz uma pessoa gostar da outra é, principalmente, ser vista por ela. Quanto mais ampliamos a nossa capacidade de enxergarmos e percebermos o outro, mais recebemos amor. Uma relação de amizade é um reconhecer a essência do outro. As pessoas da família em que mais nos afinamos são aquelas que nos percebem.

Quero dizer, se não temos identificações masoquistas, gostamos de estar perto de quem nos enxerga. Na quarta dimensão, as pessoas tendem a sair do egocentrismo para perceber mais o outro. É a dimensão do amor, da maior expansão do quarto triângulo, de maior energização dos braços e das mãos. É a dimensão da troca com menos desequilíbrio entre o dar e o receber. Estamos entrando na era das manifestações do amor, como a compaixão, a fraternidade, o respeito, a compreensão e o altruísmo, não de manifestações piegas da máscara, mas da essência, com responsabilidade pelo todo. O medo cede lugar para o amor; a crítica, para o acolhimento incondicional; a defesa, para a receptividade, a oposição, para o recebimento; a exclusão, para a inclusão. Enfim, estamos saindo da dualidade para a integração e da separatividade para a unicidade. Na terceira dimensão, a consciência do amor se expandiu, uma vez que o homem começou a perceber que o outro precisava ser respeitado para a formação e a manutenção da sociedade. Mas, na quarta dimensão, a humanidade caminha para limpar as distorções da qualidade do amor. Caminhamos, também, para maior integração dos atributos divinos. O poder, por exemplo, deve caminhar junto do amor. É importante sustentarmos, por meio do poder, a preservação de nosso campo energético, sem nos fecharmos para o outro. É um grande treinamento abrir o coração, sem se perder na energia de outra pessoa. Fechar o plexo solar, terceiro triângulo, quando necessário, sem fechar o coração.

Enfim, a integração dos três atributos divinos básicos sustenta a passagem para a vida na essência. Pela sabedoria ouvimos nossa alma que almeja a mudança, e podemos reconhecer quais aspectos estão dissonantes e precisam ser transformados. O poder nos traz a força e a vontade profunda para sustentarmos a mudança, e o amor por nós mesmos é a motivação básica para trazermos o que é melhor para o nosso ser. E o amor ao outro é consequência desta integração: sabedoria, poder e amor-próprio.

Capítulo 22

O Tempo do Não Tempo: a Passagem para a Quarta Dimensão

É importante esclarecer que já vivemos o padrão vibratório da quarta dimensão há muito tempo na Terra. O que está acontecendo no momento atual é que com o fortalecimento da quarta dimensão esse padrão está se sobrepondo ao da terceira. O que podemos perceber é que os conflitos ocorrem porque um padrão energético mais sutil está movendo as estruturas das dimensões mais densas. As outras dimensões, como a primeira e a segunda, não desaparecem, elas continuam presentes na Terra. Em alguns momentos, podemos acessar outras dimensões como a quinta, a sexta ou até outras mais elevadas. Esses são níveis sutis da consciência. Um profundo estado de graça, por exemplo, acessa os padrões mais altos. A humanidade caminha para expressar níveis cada vez mais elevados de vibração. Entretanto, os níveis anteriores continuam presentes.

O ser humano integrado é um animal reptiliano e límbico da primeira e da segunda dimensões, que defende a sua sobrevivência e também responde emocionalmente a algumas circunstâncias. Possui o ego da terceira dimensão que o faz estruturar-se na vida, assim como um córtex desenvolvido que o leva a responder a determinadas situações com o raciocínio lógico inteligente. É também um ser de quarta dimensão que percebe as pessoas e as situações por outros sentidos além da mente, dá respostas intuitivas à vida e age integrando o intelecto, os sentidos e o coração. É capaz de acessar níveis mais sutis da consciência, além da quarta dimensão, podendo ter experiências místicas, espirituais, transpessoais e extasiantes, sem a indução por química ou por vegetais, mas apenas por intermédio do seu próprio campo energético. Vive naturalmente em um estado de prazer e amor. Assim, não esquece de si mesmo em busca de prazeres distorcidos nem corrompe a sua autofidelidade mendigando afetos, porque está preenchido do bálsamo de sua própria essência.

O ser humano completo é holístico e pode transitar por todas as dimensões sem estagnar em nenhuma delas. Pode também, conscientemente, usufruir das qualidades positivas dos triângulos: as sensações prazerosas do primeiro e as emoções do segundo, como a alegria. É também capaz de compreender e acolher outros que se encontram em um nível de consciência menos evoluído, sem perder sua energia e sem se perceber como superior, pois já está além do ego espiritual. Muitos que atingem níveis mais elevados da consciência paralisam no ego espiritual. Esse é o maior risco do caminho evolutivo, porque com o ego distorcido essa paralisação pode ser dificilmente notada. Muitas vezes, a pseudocompreensão com o outro pode esconder o ego espiritual. É preciso conhecer profundamente os próprios demônios interiores para não se congelar na posição de superioridade, porque podemos, dependendo da situação, sair da frequência da quarta dimensão para a primeira. Um estado de fúria, por exemplo, pode tomar o indivíduo que ressoa em elevada frequência. Por isso, é importante não paralisarmos na culpa. Pois mesmo que sejamos espiritualizados, sábios e amorosos, somos também instintivos e emocionais. A diferença é que o ser holístico tem consciência e pode voltar de forma consciente para o padrão que intenciona ficar. E quanto mais acessamos níveis mais elevados de vibração com enraizamento, menos caímos para as distorções do primeiro e do segundo triângulos, como raivas, irritações e dramas.

Enquanto estivermos na Terra, sempre cometeremos erros de natureza humana, apesar de sermos divinos. Podemos deixar que a nossa divindade acolha nossas falhas humanas. Nossa tarefa é experienciarmos níveis cada vez mais elevados de consciência, colaborando com a execução de nossos propósitos e contribuindo para a sutilização do planeta. Observamos que as mudanças nas pessoas que conhecemos e no planeta se aceleraram nos últimos anos. É porque o padrão vibratório da quarta dimensão está se fortalecendo na Terra, transmutando, portanto, a energia mais densa. O momento em que vivemos coincide com o que os maias profetizaram. Essa antiga civilização, que possuía estudos científicos e espirituais sobre o funcionamento do Universo, profetizou que de 1992 a 2012 estaríamos vivendo o tempo do não tempo. Esse é um período de grandes mudanças porque são os últimos 20 anos de um ciclo de 5.125 anos. O nosso sistema solar se desloca em uma elipse que nos afasta e nos aproxima da luz central da galáxia a cada 25.625 anos.

Esse ciclo, dividido por 12, marca o período de cada era, que tem duração de 2.135 anos. Esse ciclo também se divide em cinco ciclos de 5.125 anos. No final e no começo de cada ciclo de 5.125 anos, há profundas mudanças, que formam uma nova civilização. O sistema solar recebe uma luz proveniente do centro da galáxia que sincroniza todos os planetas. Em dezembro de 1997, a Nasa detectou grandes quantidades de energia enviadas do centro da galáxia para o nosso sistema solar. Este raio emitido do centro da galáxia promove um alinhamento energético em todo sistema solar. O período que marca o fim de um ciclo e o início de outro tem duração de 20 anos, e é de profunda transmutação. Os maias deixaram suas profecias para nos alertar para esse período, pois, quanto maior é o nível de consciência, menos destruições podem acontecer.

Segundo a profecia maia, o comportamento da humanidade mudaria a partir do eclipse do Sol ocorrido de 11 a 18 de agosto de 1999, que alinhou todos os planetas, com exceção de Plutão, em formato de uma cruz com o centro da Terra. Essas mudanças estão acontecendo porque a energia proveniente do centro da galáxia está aumentando e acelerando a vibração do sistema solar, para conduzi-lo a maior harmonia e perfeição. Essa aceleração vibratória está provocando o caos. Os desequilíbrios climáticos, sociais, econômicos, políticos, espirituais e familiares fazem parte desse processo de purificação. O indivíduo pode estagnar-se no desequilíbrio ou caminhar para uma compreensão maior de si, da vida e de seus propósitos.

O período de 20 anos, que marca o fim de um ciclo, coincide com o que as religiões chamaram de Apocalipse. A humanidade entra no que os maias chamaram de "salão dos espelhos", onde as situações levarão os indivíduos a se enxergarem e escolherem entre sombra e luz. Segundo a profecia, se a maior parte das pessoas eleva a sua consciência, os processos destrutivos da Terra são aplacados. Uma das mudanças que aconteceram nesse período foi a diminuição do campo magnético da Terra. Esse fenômeno provoca no ser humano desde estresse até fortes desequilíbrios psíquicos. Entretanto, o indivíduo pode aumentar o seu próprio campo magnético pela respiração, meditação ou por meio de práticas que o conectem com a própria essência. O estado de amor também aumenta o campo magnético. Quanto mais sustentarmos o ancoramento na essência, aumentando nosso padrão vibratório, menos sofreremos as consequências destrutivas deste tempo.

Este período, segundo a profecia maia, terminou no dia 22 de dezembro de 2012, no qual a humanidade entrou em uma nova civilização de frequência mais elevada. Entramos na era das mães, em que o ser humano agora será para o outro como mãe, no sentido de todos zelarem pelo bem de todos. É o que Moreno, criador do psicodrama, dizia: "sejam uns para os outros como mães". Não no sentido codependente, mas compassivo. Na nova civilização, não deve haver diferenciações, mas o zelo pelo bem do desconhecido deve ser como o cuidado por aquele mais íntimo e amado. E sempre lembrando que continuamos sendo também reptilianos e límbicos, ainda que uma das camadas de nosso ser possa amar todos igualmente sem distinção, por manifestar naturalmente amor incondicional. A profecia de os homens serem como mães não significa que a sombra desaparece, apenas que a luz se expande.

Para a Kabalah, este novo ciclo em que estamos entrando é a era Messiach, a era da condução de consciência, na qual todos são portadores da divindade. Não há mais seguimento de regras ou direções externas, mas a essência é que direciona e guia. A Kabalah nos diz que esse período que estamos vivendo é uma preparação para recebermos e sustentarmos o novo padrão vibratório da Terra. Estamos entrando na era dourada, na qual os homens são seres quânticos, cuja vontade pessoal se alinha à vontade divina. Na era da essência, naturalmente, somos quem somos e a nossa única tarefa é fazer ser quem somos na Terra.

Capítulo 23

Do Fragmentado ao Holístico

As reformulações científicas acompanham a passagem para a quarta dimensão. A emergência da física quântica contribui para a compreensão de uma nova consciência. Creio que, com a comprovação científica do holograma, no qual não só o todo contém as partes, mas também cada parte contém informações sobre o todo, abre-se um portal para novas percepções em todas as áreas. Estamos vivendo uma passagem do olhar fragmentado para o olhar holístico e, por consequência, da separatividade à unidade. É frequente a tendência para enxergar e vivenciar as situações de maneira fragmentada em detrimento do todo. Toda forma de apego, por exemplo, é um meio de perder a conexão com a totalidade. Se nos apegarmos excessivamente a uma pessoa é porque estamos fixados em alguns de seus aspectos. Assim, podemos estar excluindo a troca com outras partes dela que são desconhecidas para nós, além de, consequentemente, restringir o contato com outras pessoas. Toda forma de apego a uma parte implica a exclusão de outras.

Se nos apegarmos a uma situação de vida, podemos rejeitar novas possibilidades. Outra forma de paralisar na parte, em detrimento do todo, é a persistência na birra ou na teimosia. É comum, por exemplo, o padrão de birra com o Universo. Isso, muitas vezes, ocorre inconscientemente quando se paralisa a energia de vida, apegando-se a um fato, a uma dor ou a uma decepção. Isso pode ocorrer quando a pessoa sai de um relacionamento, de um trabalho ou de outra situação com decepções ou mágoas e não consegue abrir-se para o novo, por estar fechada energeticamente. Neste caso, mesmo que acredite querer a inovação, ela rompeu com o fluxo da totalidade, apegando-se a uma parte. É preciso despertar a consciência para o perdão e o desapego, para que se possa fluir para novas oportunidades. Há aqueles, também, que podem paralisar a energia em uma fase da vida ou em uma situação que tenha sido muito satisfatória. Isso ocorre quando a criança interna apega-se a um "paraíso perdido". Uma das origens desse padrão está no apego à fase uterina ou à de amamentação, entre muitas outras possibilidades.

Quer seja por dor ou por prazer, o apego a pessoas ou situações não só restringe o olhar para o contentamento no momento presente, como também nos paralisa no caminho de vida. É recompensador quando enxergamos as circunstâncias a partir de um plano maior, sem nos apegarmos ao que gostaríamos, mas estando abertos ao que se apresenta. Embora nossa personalidade possa contestar, o presente está sempre de acordo com a nossa necessidade energética. A maior parte de nossos conflitos emocionais e psicológicos é consequência de termos nos apegado a algum momento de nossa história ou a um padrão doloroso. E ficamos repetindo esse padrão na tentativa inconsciente de liberarmos essa energia. Essas repetições reforçam o padrão negativo. Quando nos apegamos a uma crença, restringimos o fluxo da mudança. Muitas vezes queremos e sentimos a transformação, mas a mente, que se apegou, nos prende ao padrão antigo. Todo apego nega a totalidade.

A educação em nossa civilização também nega a totalidade, pois está baseada em princípios de exclusão e não de união. Somos incentivados a sermos mais que outros, a nos apegarmos, a negarmos a dor, para sermos maniacamente felizes e termos um falso prazer o tempo todo, rompendo, assim, com a totalidade. A cultura, na terceira dimensão, educa para as crianças se sentirem especiais e não suportarem frustração, o que cria uma sociedade de divisão. Somos acostumados a viver na dualidade, separando, excluindo, apegando-nos. Podemos nos fragmentar diante das circunstâncias desafiadoras ou nos autonegar diante de situações de perdas. É um desafio sustentar a conexão com o todo e nos percebermos holisticamente diante de qualquer circunstância. Claro que sempre, em algum momento, rompemos com a totalidade, pois de fato estamos fragmentados e experienciamos momentos de unidade. A questão é progressivamente nos conscientizarmos, cada vez mais, das nossas separações dentro e fora de nós.

Em diferentes situações, há a tendência de tomarmos o todo pela parte. Um fato desconfortável pode negar todo o bem. O reconhecimento de um aspecto negativo, em alguém, pode fazer com que se negue a totalidade que o outro é, como descrevi anteriormente. Temos a expectativa infantil de que o outro sempre corresponda à imagem positiva que fizemos dele. É claro que todo vínculo que se torna mais íntimo passa pelo luto da paixão, mas precisamos ter maturidade para integrarmos a parte que nos decepcionou e não perder a ligação com a totalidade do outro. Esse treinamento serve para todas as relações. Muitas amizades, relacionamentos ou até mesmo casamentos terminam por se ter perdido a conexão com o todo do outro, privilegiando o olhar apenas das partes negativas ou distorcidas. Quando se tem, também, qualquer forma de preconceito, há a tendência a não se enxergar a totalidade da pessoa, priorizando o olhar viciado para o que se considera negativo. Enfim, estamos cercados de crenças e padrões que negam a unidade. Nosso desafio é reconhecermos e rompermos com esses padrões limitantes em nossas vidas.

A fragmentação e a separatividade sempre trazem dor e sofrimento no campo individual e coletivo. Os dirigentes das nações, em sua grande maioria, percebem a sua nação separada da outra, em alguns casos, em oposição, como se os países não fizessem parte do mesmo globo terrestre. Quantas guerras já foram feitas baseadas no princípio da separatividade, de uma raça ser mais especial que outra, por exemplo? A cada ato de separatividade que expressamos em nossa vida, estamos contribuindo para esses conflitos entre nações. Manifestações de unicidade na Terra, como a criação da Organização das Nações Unidas, preservam a humanidade. O amor e a unidade expressadas por alguns aplacam a separatividade de muitos e garantem a coesão. Apesar de tantas expressões separatistas, há manifestações de unicidade que mantêm a integridade humana. As oposições religiosas (como se Deus fosse propriedade de alguns) e o fundamentalismo evidenciam a separatividade. Entretanto, surgem cada vez mais caminhos de busca espiritual que expressam a unidade, como a expansão cada vez maior de praticantes de ioga ou de outras práticas orientais, cabalistas, xamânicas, rituais sagrados, cultos ecumênicos, grupos de meditação, vivências terapêuticas, entre outros. O sentido da palavra *religião*, que em sua origem é *religação*, apresenta-se distorcido, pois, em vez de religar com o divino, grande parte das religiões tende a promover a separatividade de Deus e a consequente separação das pessoas. Como é possível se ligar a Deus se apartando de qualquer outro indivíduo que é Deus?

Observamos, também, quanto sofrimento decorre da mentalidade da separatividade nos planos econômico e social. A cultura que traz a consigna básica "seja o melhor, o mais bonito, o mais rico, o mais, o mais, o mais" massacra a criança interna e obstrui o fluxo da essência. Muitas propagandas trazem as ordens de separatividade, como: somos os melhores do mundo, seja o melhor comprando este carro ou bebendo aquela bebida. Muitos programas de TV reforçam a separatividade exaltando a competitividade negativa, o narcisismo, abordando o desrespeito e a hostilidade como condutas normais. Todos estamos envolvidos nesse emaranhado narcísico, porque vivemos em uma cultura de separatividade. Entretanto, há aqueles que estão na busca do rompimento com a cadeia devoradora de mandatos narcísicos e insaciáveis para a reconexão com a essência. Os que permanecem fixados nessa escravidão da fidelidade ao bom desempenho, aprisionados aos comandos do ego negativo, sofrem por terem esquecido quem são. Sentimentos crônicos de fracasso, de inadequação, medo da avaliação externa, autoacusações, desestabilidade nos vínculos afetivos, entorpecimentos e excessos são sintomas dessa desconexão com o ser essencial. Nessa circunstância, a criança interna, alegre, afetiva, criativa é reprimida, o eu superior é negado e quem está no comando é o ego negativo, respondendo ao mundo externo com separatividade, a partir da criança ferida, sustentando um permanente estado interno de falta.

A saída para a transformação social, da passagem da sociedade de sobrecarga para a sociedade de respeito à essência, não está na política, nem na economia, nem na sociologia ou em qualquer outra parte fragmentada, mas na totalidade, que inclui todas essas áreas e muitas outras. A parte pode interferir no todo. Uma mudança na política interfere na mentalidade coletiva. Entretanto, a transformação planetária só é possível com a mudança do padrão separatista para a consciência holística. Esse movimento de mudança está acontecendo neste momento na Terra. Estamos encarnados, justamente hoje, para sermos agentes transmutadores. Todos nós temos a missão coletiva de contribuir e sustentar novos padrões que expressam a unidade, como respeito, justiça, compreensão de que cada um tem o seu lugar, inclusão, entre outras manifestações. A boa nova para este milênio é a maior manifestação da verdade dos propósitos individuais e coletivos. Aproximando-nos do alinhamento planetário, temos de viver este momento de limpeza e de caos.

O importante é estarmos em conexão com nosso silêncio, para fazermos essa passagem com um mínimo de desperdício e de dor. Ainda que a dor esteja presente, em comunhão com a essência, é possível manter a integridade e fazer um constante treinamento de retorno ao lar original: o lugar do ser. A partir desse estado alinhado com a essência, podemos penetrar em um vazio repleto de oportunidades e manifestar novas possibilidades individual e coletivamente a partir de ações alicerçadas na presença do ser essencial. Sabemos que a mudança social e planetária não pode surgir da fragmentação, como um salvador político, uma mudança econômica, da ciência, da psicologia ou de qualquer outra abordagem.

A mudança básica está em alteramos o olhar treinado para ver o outro e tudo como separados, para a consciência de que tudo e todos somos um. Estamos contidos no todo e o contemos. Somos indivíduos, mas somos o todo. Não só fazemos parte do todo, mas também somos a própria totalidade. Apesar de a separatividade ser a diretriz da sociedade, surgem novos padrões de pensamento e comportamento que refletem a consciência holística. O paradigma holográfico não é algo para ser entendido só com a mente, mas precisa ser experienciado. Entender intelectualmente que eu e o outro somos um serve apenas para um entretenimento mental. Viver o holístico é ter vontade de fazer pelo outro como se fizéssemos para nós mesmos. O primeiro mandamento que sobreviveu por tantos anos expressa a consciência holística. Amar a Deus sobre todas as coisas é amar o todo e o próximo como a si mesmo, uma vez que não há separação entre eu e o outro. A transformação de um padrão separatista para o holográfico é um processo com que podemos contribuir por meio de pequenas mudanças pessoais. É necessário estarmos atentos a tudo que excluímos, negamos ou rejeitamos.

O padrão separatista rompe com o fluir natural da vida. Pois, nessa consciência de separação, a pessoa tende a não aceitar as circunstâncias como elas se apresentam. Há uma tendência a negarmos ou nos frustrarmos quando as situações não acontecem como gostaríamos que ocorressem. Entretanto, tudo que atraímos está ressonante com o nosso campo de energia. Assim, podemos perder a oportunidade de vivenciar plenamente o momento que se apresenta por estarmos presos a outras expectativas, ou podemos também perder a oportunidade de aprendizado que a vida traz, quando negamos ou rejeitamos situações que não se apresentam como gostaríamos. Planejamos com o nível mental, mas esta é apenas uma pequena dimensão diante de nossa totalidade. "O homem propõe e Deus expõe." Não que estejamos à mercê de um Deus fora, pois é o nosso ser essencial que escolhe tudo que nos cerca. Então, poderíamos dizer que a mente pensa que propõe e o nosso campo energético, sob o comando do nosso eu superior, expõe.

É comum a ilusória e onipotente pretensão de intencionar controlar a vida com a mente. Esta é uma expectativa fadada à frustração, pois o mundo externo responde de acordo com a nossa energia e não segundo as intenções de nossos pensamentos. A força da intencionalidade encontra-se na totalidade que somos, não apenas no nível mental. Quando se reza, pede-se ou se deseja a partir da mente racional, é frequente a frustração pela ausência de resposta, pois o Universo, muitas vezes, responde de acordo com a intenção que vem da essência ou da totalidade do ser, não da vontade egoica. A maior parte das intenções é voltada para a realização do ego e não do ser. Alguns manifestam seus desejos mais a partir do nível emocional e, outros, a partir da vontade da mente. Estes podem, algumas vezes, até obter o que foi desejado. Entretanto, quando intencionamos a partir do nível espiritual, do centro cardíaco para cima, a possibilidade de nos aquietarmos com o recebido é muito maior.

É comum o padrão de conduzir a existência de modo fragmentado, alguns mais presentes na mente, outros mais no nível emocional, outros no nível físico ou no eu criança ou no eu inferior. Tendemos a nos identificar mais com algumas partes que outras. Quanto mais conhecemos e integramos as nossas partes, mais podemos viver em nossa totalidade. Dessa forma, a vida tende a ser cada vez mais fluida. A negação das circunstâncias ou o padrão de frustração ou reclamação obstruem o fluxo da energia. Quando isso ocorre, não estamos fluindo com a vida, mas fragmentando-a a partir do eu controlador. Entretanto, somos impulsionados a controlar, porque temos medo quando nos desconectamos de nossa própria divindade. Assim, saímos do controle da mente pela confiança na própria essência e na integridade do Universo. Não é que precisamos confiar no outro ou ter pensamento mágico de que tudo vai dar certo, isso é ingenuidade.

Quando somos conscientes e vivemos a partir da essência, naturalmente fazemos escolhas que não trazem dor, mas completude. A inocência é um estado da essência, enquanto a ingenuidade é uma distorção da criança. É na inocência que somos receptivos ao mundo como ele se apresenta, porque somos amparados constantemente por algo maior que a nossa própria personalidade. Os pequenos milagres da vida acontecem quando não fazemos oposição ao fluxo e recebemos as situações como elas se apresentam e acolhemos as pessoas como elas são. É necessário fazer esse aprendizado de inclusão, pois fomos educados para a exclusão. Incluir os fatos, sustentar o positivo e acolher as pessoas são treinamentos constantes para sairmos do padrão da fragmentação para o holístico. Somente incluindo o todo que somos e recebendo e aceitando o todo que existe é que podemos fazer a passagem para vida de essência, para a civilização do coração e da unicidade.

O ser humano de quarta dimensão é integrado com seus aspectos internos e com o Universo. É animal, é humano e é DEUS. A era Messiach proclama a Terra e o homem em sua essência. Quando cada humano relembrar quem é, tudo no Universo passará a expressar perfeição. Os minerais, os vegetais e os animais manifestam a sua partícula de Deus no mundo. Apenas por serem, trazem a sua qualidade, cumprindo assim o seu propósito. O homem, quer seja pelo livre-arbítrio, pelo medo ou pelas distorções do ego, tem a facilidade de esquecer quem é. Acreditando que é inferior ou superior, corrompe a sua integridade. Ser quem é não está inscrito nas ações, mas na presença. O homem leva a sua qualidade para o ambiente, para as relações, para o mundo. Produz um efeito nas pessoas e nos lugares. Quando o que é levado para o outro não vem da distorção, mas da essência, ambos saem preenchidos do encontro. Dessa forma, o homem realiza o que veio fazer nesta existência. Para esse fim é que entramos nas relações ou nos ambientes. Apenas ser na essência, levando a presença do ser essencial para os contatos, é que concretiza o projeto divino para nós. Quando tudo expressa essência, não há desajustes ou exclusão. Como profetizou a Kabalah, chegará o tempo em que o lobo repousará com o cordeiro. É a era dourada, da inclusão, do amor e da integridade. Façamos a definitiva passagem para a essência!

Para aprender na prática:
Espaço essência
Site: <http://www.espacoessencia.com.br/>
Contatos: **essencia@espacoessencia.com.br**

Glossário

Campo multidimensional – Corresponde aos corpos que compõem o indivíduo: físico, emocional, mental e espiritual.

Criança ferida – Aspecto sofrido da criança que fomos e que continua atuante na vida adulta. Um sentimento de rejeição, por exemplo, é um bloqueio proveniente desta parte. Todos possuem em maior ou menor grau uma criança ferida.

Criança interna – Para o inconsciente não existe tempo. Tudo que aconteceu continua presente em nosso campo. A energia da nossa criança continua atuante na vida adulta.

Consignas sociais – São crenças, mandatos e ordens sociais presentes no inconsciente coletivo que tendem a influenciar nossos comportamentos.

Constelação familiar – Campo formado pela composição energética dos membros familiares, incluindo os ancestrais. É também uma técnica terapêutica para curar bloqueios pessoais. Esta linha pressupõe que estes estão sempre relacionados ao campo familiar.

Defesas – Os mecanismos de defesa são formados pelo inconsciente para nos proteger da dor e do sofrimento. A racionalização (utilização da mente para a resolução de um problema), por exemplo, é uma defesa.

Ego – Instância psíquica responsável pela mediação entre o mundo interno e o externo. É o aspecto da racionalidade e do controle.

Egoico – Relacionado ao ego.

Enclausuramento energético – Quando a energia é paralisada e deixa de circular.

Energia ascendente – Energia que sobe do centro da Terra e transpassa o nosso campo.

Energia descendente – Energia que desce do Universo e transpassa o nosso campo.

Enraizamento – Corresponde ao ato de enraizar a energia na Terra. O indivíduo está enraizado quando parte de sua energia se ancora no centro da Terra.

Eu superior – Parte que atua em nossa vida a partir da essência.

Holográfico – Relacionado ao holograma.

Holograma – *Holos* vem do grego e significa todo ou inteiro. O que caracteriza um holograma é cada parte possuir informações do todo. Dessa forma, um pequeno pedaço de um holograma terá informações de todo o holograma.

Iniciático – Diz respeito a iniciar algo novo. É aquilo que possibilita uma iniciação, que significa ascensão a um nível superior.

Nadis – São redes ou tubos por onde circula a energia vital no corpo astral e ligam-se aos chacras.

Resistência – Todos nós possuímos um instinto de vida e um de morte, segundo Freud. A resistência é a força gerada pelo instinto de morte que nos afasta da evolução. Nosso instinto de vida nos leva à felicidade e ao crescimento, enquanto a resistência intenciona frear este processo.

Tan dien – Pode ser também conhecido como hara. Localizado aproximadamente a 2 centímetros abaixo do umbigo, é o centro responsável por nossa força física e emocional.

Bibliografia

BASSO, Theda; PUSTILNIK, Aidda. *Corporificando a Consciência*: Teorica e Prática da Dinâmica Energética do Psiquismo. São Paulo: Instituto Cultural Dinâmica Energética do Psiquismo, 2000.

BRENNAN, Barbara Ann. *Mãos de luz*: um Guia para a Cura Através do Campo de Energia Humana. São Paulo: Pensamento, 1997.

CHOPRA, Deepak. *O Caminho do Mago*. Rio de Janeiro: Roco, 1999.

GOVINDA, Lama Anagarika. *Fundamentos do Misticismo Tibetano*. São Paulo: Pensamento, 1960.

KELLMAN, Raphael. *O Poder de Cura da Cabala*. Rio de Janeiro: Campus, 2004.

LELOUP, Jeans-Yves; BOFF, Leonardo. *Terapeutas do Deserto*. Rio de Janeiro: Vozes, 1998.

MARKIDES, Kyriacos C. *O Mago de Strovolos*. São Paulo: Pensamento, 1990.

MILLER, Ron. *O Evangelho de Tomé*. Rio de Janeiro: Nova Era, 2006.

PIERRAKOS, Eva. *O caminho para a Autotransformação*. São Paulo: Cultrix, 2007.

_____; THESENGA, Donovan. *Não Temas o Mal*. São Paulo: Cultrix, 1995.

THESENGA, Susan. *O Eu sem Defesas*. Método Pathwork para Viver uma Espiritualidade. São Paulo: Cultrix, 2007.

WILBER, Ken. *Transformações da Consciência*: o Espectro do Desenvolvimento Humano. São Paulo: Cultrix, 2011.